Tausend Kilometer Süden

Walter Jungwirth, Jahrgang 1962, ist im Erstberuf Übersetzer für Französisch. Er lebt im Breisgau, wo er Ende der neunziger Jahre mit dem Radsport begann. 2003 machte er seine ersten Erfahrungen auf der Langstrecke, seither hat er zahllose Brevets absolviert. Er arbeitet heute in einer Psychiatrischen Klinik. In der Vergangenheit veröffentlichte er Geschichten übers Radfahren auf der Website www.viavelo.de.
»Tausend Kilometer Süden« ist sein erstes Buch.

Walter Jungwirth

TAUSEND KILOMETER SÜDEN

Eine Erzählung vom Radfahren in den Bergen

covadonga

Walter Jungwirth:

Tausend Kilometer Süden.

Eine Erzählung vom Radfahren in den Bergen.

1. Taschenbuchausgabe / 2021

ISBN 978-3-95726-059-8

Covadonga Verlag, Spindelstr. 58, 33604 Bielefeld

Coverillustration: Keith Negley

Druck und Bindung: Westermann Druck Zwickau GmbH

Bibliografische Information der Deutschen Nationalbibliothek:
Die Deutsche Nationalbibliothek verzeichnet diese Publikation
in der Deutschen Nationalbibliografie; detaillierte bibliografische
Daten sind im Internet über http://dnb.dnb.de abrufbar.

Die Menschen machen ihre eigene Geschichte,
aber sie machen sie nicht aus freien Stücken.

Karl Marx

Inhalt

Tag 0, Dienstag

Prolog

Wir werden ja sehen, so reden wir, altgediente Routiniers der Landstraße, und natürlich lassen wir alles auf uns zukommen, was da beim *Mille du Sud* auf uns zukommen wird, und manche werden uns um unsere Zuversicht beneiden, aber bloß mit der Beschwörung unseres stoischen Gleichmuts wäre ein ganzer Nachmittag im Café nicht erfolgreich zu bestreiten. Zudem verlangt die neue Strecke nach fachkundigen Kommentaren, allein schon die Tatsache, dass von den tausend Kilometern vierhundert durch Italien führen: was für ein interessantes und diskussionswürdiges Novum! Der Randonneur liebt es grundsätzlich, Landschaften zu preisen, die er bereist hat oder bereisen möchte, und nicht selten gibt er dazu passend – oder im Zweifelsfall weit ausholend – gleich wundersame Geschichten zum Besten, die vorwiegend den Gleichgesinnten ein Wiehern oder Kopfschütteln abringen, während andere Zeitgenossen den Kontakt mit solchen Geschichtenerzählern nach Möglichkeit meiden, weil sie ihnen nicht geheuer sind. Aber hier in Carcès, am Vortag des Starts, sind wir unter uns und entfesselt, befeuert vom regionalen Angebot an Kaltgetränken, und die in diesem Zuge einsetzende Legendenbildung ist in vollem Gange. Da ist manches, was man noch nicht gehört hat oder nur zu gerne ein zweites oder drittes Mal hört, und den Randonneur möchte man sehen, der sich nicht davon mitreißen ließe. Auch ich bin da keine Ausnahme.

Zwischen den anderen sitzt auch Rufus mit an dem kleinen, runden Tisch auf seinem knarzenden Korbstuhl. Jedenfalls knarzt er dann, wenn mein alter Weggefährte zu einer seiner Anekdoten ausholt, und davon kennt er eine Menge, und seine Erzählungen reißen ihn auch heute wieder so mit, als steckte er noch mittendrin in einer dieser Affären, die er in die Runde wirft. Seine Beine zucken, als wäre er noch immer am Pedalieren, und seine Arme rudern umher, dass jeder sofort sieht, dass hinter diesen Geschichten eine Leidenschaft steckt, wie sie einigen Radfahrern eigen ist – besonders dann, wenn sie das eine oder andere Abenteuer erfolgreich bestanden haben. Und das hat er, Rufus, das kann ich bezeugen und von Glück sagen, dass ich hie und da mit von der Partie war und er insofern auch unsere gemeinsame Geschichte erzählt, so wie ich es nie erzählen könnte.

Und endlich ranken sich die Wortbeiträge um den Col Agnel, einen der höchsten asphaltierten Übergänge, welche die Alpen zu bieten haben. Dieser Pass soll einzigartig sein und Frankreich von Italien wie eine Messerklinge teilen. Und manches Beeindruckende findet zudem noch Erwähnung, auch wenn ich hinterher nicht mehr genau weiß, was es denn mit ihm darüber hinaus noch auf sich hat, aber er sei ein *Muss* sozusagen. Allein die Nennung seines Namens vermag in diesem Kreis die Fantasien ungeheuer zu beflügeln, so dass selbst ich, dem besagter Col bloß ein vager Begriff war, am Ende zur Überzeugung komme, dass es insgeheim ein lang gehegter Traum von mir war, diesen legendären Pass mit dem Rad zu überqueren. In meiner Vorstellung wird es eine grandiose Auffahrt werden, wenn wir uns nach sechshundert Kilometern entweder im Abendrot des zweiten Tages oder unter dem zauberhaften Sternenzelt der zweiten Nacht von Osten her zum Pass hochschrauben bis auf 2744 Meter – daran kann es überhaupt keinen Zweifel geben. Und angesichts so viel berauschender Schönheit wirkt es angezeigt, gleich nochmals vom berauschenden Angebot an regionalen Kaltgetränken Gebrauch zu machen, was der Angelegenheit weiteren Schwung verleiht.

Leute unseres Schlages werden von denen, die sich bereits mit dem Phänomen des Radwanderns befasst haben, bisweilen respektvoll, bisweilen aber auch geringschätzig, Randonneure genannt – dem französischen Wort für Wanderer entlehnt. Doch nur die Eingeweihten wissen darum, so dass es fraglich ist, ob etwa der Wirtin, die uns hier nun seit Jahren immer in der ersten Septemberwoche verpflegt, diese Bezeichnung geläufig ist. Aber sie kennt uns und weiß auf jeden Fall, dass es immer ein großes Durcheinander gibt, nachdem die Ersten ihre Räder an die ockerfarbene Hauswand neben dem Café gelehnt haben, oder gegenüber, an die im Abendschatten zum Rosa tendierende Kirche, die mit ihrem ohrenbetäubenden Geläut immer zur Unzeit unsere Gespräche unterbricht.

Nach all den Jahren grüßt uns diese Frau mit einer Herzlichkeit, die ein Wiedererkennen nahelegt, auch wenn ihr das ausgelassene Stimmengewirr schon zu schaffen gemacht hat: diese Kakophonie, die nicht so sehr auf die verschiedenen Sprachen zurückzuführen ist, sondern darauf, dass sich jeder nach seinem Gutdünken in unseren Kreis setzt, indem er einen dieser geflochtenen Stühle von den Nachbartischen heranzieht, und kaum, dass er dem Verlauf der Unterhaltung folgen kann, steht der Nächste wieder auf, weil er noch Dinge zu erledigen hat am Vortag des Starts, was in Verbindung mit den Rufen nach Getränken und Speisen ein ewiges Hin und Her ergibt, ein kaum zu durchschauendes Wirrwarr. Aber die Wirtin, die mit Sicherheit viel Volk gewohnt ist, schert sich nicht drum und vertraut wohl darauf, dass sie auf ihre Kosten kommen wird.

Auch der Engländer, der sich schon vor Jahren dem *Mille du Sud* verschrieben hat, redet vom *Randonneur.*

Beim Sprechen fällt seine Betonung in eigentümlicher Weise auf die erste Silbe, was dem Wort mit dem breiten »R« einen leicht ironischen Beigeschmack gibt. Aber es mag sein, dass der Engländer, der hier in der Provence schon viel durchlebt hat, gar nicht mehr anders von uns sprechen kann als in diesem ironischen Tonfall, gepaart mit einem rauen und herzhaften Lachen, bei dem er den Kopf nach hinten wirft, was zur Gegenrede herausfordert. Dann legt er den Kopf schief, um den Entgegnungen besser folgen zu können – vielleicht, weil er auf einem Ohr schlechter hört, vielleicht ist es aber auch nur eine Angewohnheit. Er ist ja nicht mehr der Jüngste, und wer weiß, was sich in seinen Jahren schon alles ereignet hat und bei ihm zu dieser seltsamen Haltung geführt hat. Gleichwohl sieht er wie immer kräftig aus, und sein Gesicht ist gerötet, was daran liegen mag, dass er als Nordeuropäer die Sonne nicht verträgt, und in diesem Sommer gab es viel davon, wohl auch in England. Womöglich liegt es aber auch ein wenig daran, dass er es schätzt, sich am Vortag noch etwas Mut anzutrinken, und da geht es ihm nicht anders als den anderen am Tisch. Deren Gesichtsfarbe jedoch geht ins Braun, abgesehen von den Nasen, die stets auch einen Schimmer von Rot in sich tragen, denn sie sind viel im Freien unterwegs und der Sonne stärker ausgesetzt als der Rest des Gesichts – ganz zu schweigen vom

Rumpf, der, würde man den Anwesenden die Trikots und T-Shirts vom Leibe ziehen, in seiner erschreckenden Farblosigkeit an Maden erinnert, die jahrein, jahraus in Dunkelheit leben.

Alle, wie sie hier sitzen, haben ihre Wahl getroffen, und nun gibt es keinen Ausweg mehr, und das hat auch sein Gutes, denn so kann man sich mitreißen lassen auf dem Strom des Bevorstehenden – mögen die Abenteuer kommen! Und noch einmal heben wir die Gläser zur Feier dieses denkwürdigen Tages, vielleicht auch zu Ehren der Berge, die uns erwarten; das alles muss gar nicht mehr unterschieden werden. Die Vorboten des Glücks sitzen zwischen uns und alles Verlangen hat im milden Spätsommerlicht schon jetzt eine gewisse Sättigung erfahren. Wenn nun Gesangbücher mit Psalmen zu jedem berüchtigten Alpenpass auf dem Tisch lägen, würde uns nichts hindern, in die Liturgie einzustimmen, und unser Singen würde durch ganz Carcès ertönen, bis hinunter zum Fluss, wo ein paar von uns im Anschluss ein Bad nehmen, ja, vielleicht bis hinauf zur Mehrzweckhalle, wo sich alle einundvierzig Teilnehmer des *Mille du Sud* am selben Abend zum gemeinsamen Mahl treffen und der kleine, bärtige Papou hinter den großen Kochtöpfen alle Mäuler aufs Vorzüglichste stopft. Und bei alledem weiß ich plötzlich nicht mehr, ob mir überhaupt danach ist, morgen loszufahren, wo es uns hier, unter dem lichten Grün der Platanen des Cafés *Le Centre,* doch an nichts fehlt. Aber dann ist es wiederum doch so, dass unsere Erzählungen nach neuer Nahrung verlangen, immer und immer wieder, und außerdem ist es ausgemachte Sache, dass man ja sehen will, was auf einen zukommt.

Tag 1, Mittwoch

Provence

Carcès, Kilometer 0

Tags darauf, am Mittwochmorgen kurz vor acht Uhr, am Ende eines ausgiebigen Frühstücks in der Halle, wo man die Nervosität trotz der offenen Fenster und Türen riechen kann, ist – nach all den Geschichten des Vortags – die Zeit überreif für einen neuerlichen schicksalshaften Aufbruch und die Männer begeben sich nach draußen; es sind fast nur Männer in diesem Jahr, der *Mille du Sud* spielt den Frauen noch übler mit als unsereinem, aber eine wagt es trotzdem. Doch jetzt ist jeder mit sich selbst beschäftigt, weil man hier am Start noch viel falsch machen oder vergessen kann, und niemand nimmt Notiz vom anderen Geschlecht, das sich untergemischt hat. An der Startlinie sind ohnehin alle gleich, man hofft nur, dass die drei Tage ohne Blessuren verlaufen.

Eine Schinderei wird es in jedem Fall; um sich das klarzumachen, bedarf es nur eines kurzen Blickes aufs Oberrohr, wo ich eine Liste der Kontrollpunkte und der Schlusszeiten aufgeklebt habe. Von den Bergen ist dort nicht einmal die Rede, aber es sind die Berge, an denen die Fahrer, die nun ihre Maschinen erwartungsvoll über den staubigen Platz schieben, zerschellen werden wie ins Trudeln geratene Flugzeuge. Die Kilometer sind nichts als ein Raster, in das alles hineingepresst ist, auch die Berge.

Sigale (km 126) – Mi 16h24
Menton (km 230) – Mi 23h20
Sassello (km 339) – Do 10h36
Sampeyre (km 565) – Do 21h44
Embrun (km 660) – Fr 9h36
Ambel (km 734) – Fr 15h00
Col du Festre (km 756) – Fr 16h43
Séderon (km 841) – Fr 23h05
Carcès (km 1000) – Sa 11h00

Man drängt nach vorn an den schmalen Tisch im Schatten der enormen Platanen, das rot-weiße Band vor Augen, und am Tisch sitzt Sophie, die all dies, was sich hier abspielt, ins Rollen gebracht hat und zusammenhält, und es ist kein Geheimnis, dass ihr ganzes Herzblut in diesem Abenteuer steckt. Von ihrem Posten hinter dem Tisch sieht sie dem Start mit Spannung entgegen, so gut kenne ich sie, während sie unter ihrem langen, blonden Schopf als eine Art Schutzheilige dieses Unternehmens aufmerksam und scheinbar ruhig die Lage verfolgt, einen Stempel und aufmunternde Worte austeilt, als könne sie kein Wässerchen trüben; aber jeder weiß, dass sie es schafft, mit ihren schweren Strecken auch die Stärksten in die Knie zu zwingen.

Und so wacht sie über den geregelten Ablauf, zusammen mit dem alten Bernard, der unter seinem breitkrempigen Hut ausschaut wie ein Künstler oder vielleicht auch wie ein Ganove aus dem Krimi – man wüsste nur zu gerne, welche Fügung ihn zu diesem fahrenden Volk hier geführt hat. Gleich wird er das rot-weiß gestreifte Band, das uns noch von der Straße trennt, zu Boden fallen lassen, während er sein gegerbtes Gesicht wie beiläufig zu einem halb spöttischen Lächeln verzieht, als Mitwisser in gewissem Sinne, denn wenngleich wenig von ihm bekannt ist, so erzählt man sich doch, dass auch sein Leben in den letzten Jahren nicht einfach war.

Plagt euch ruhig, so lächelt er unter seiner Hutkrempe hervor, er hat uns ja noch ein paar Jahre voraus, und er wird wohl wissen, was das bedeutet. Doch wenn wir zurück sein werden, werden auch wir gealtert sein, und es bleibt offen, ob es ein erstrebenswerter Zustand ist zu altern oder eben nur unschönes Beiwerk unseres Vorhabens. So wie er da steht, ist das eine wie das andere denkbar und es bleibt mir nichts anderes übrig, als die Beantwortung dieser Frage einstweilen aufzuschieben, denn jetzt ist der entscheidende Moment gekommen, wo sich Sophies Stempel, der erste, auch auf meine gelbe Brevetkarte niedersenkt. Etliche Stempel werden diesem noch folgen, und jeder von ihnen wird im Nachhinein seine kleine Geschichte erzählen, wenn die Sache einen erfolgreichen Verlauf nimmt, und daraus werden neue Erzählungen gemacht, welche aber, das wird sich erst im Laufe der nächsten drei Tage zeigen. Alles ist möglich, und wer hier ohne Bedenken am Start steht, fürchtet nichts im Leben.

Jetzt gibt es kein Zurück mehr. Das Band fällt zu Boden, der *Mille du Sud* ist eröffnet, und in diesem Moment, da sich nach vorne hin die Schleusen öffnen und ich mich anschicke, die Beine von der sonnenverbrannten Erde zu nehmen, um mich in die Pedale einzuklicken und mit den ersten zwanzig Fahrern in die Morgensonne hineinzurollen, stellt sich heraus, dass mein Hinterrad halb platt ist.

Ich wundere mich, was in dieser Nacht passiert sein mag, dass es dazu kommen konnte, halte mich aber nicht lange mit dieser Frage auf. Um mich nicht ganz alleine auf den Weg machen zu müssen, besorge ich mir in aller Eile eine Standpumpe, indem ich den schmalen, sehnigen Landsmann mit dem Rennrad ohne Gangschaltung aus der zweiten Startgruppe um seinen Autoschlüssel bitte – eben noch hatte ich ihn an seinem Fahrzeug mit seiner Pumpe hantieren sehen. Er aber weiß entgegen allem Anschein auch mit moderner Technik umzugehen und mit einem Druck auf seinen Schlüssel öffnet er sein Auto aus der Entfernung. Es muss schnell gehen – auch er will seinen Start nicht verpassen. Ich renne hin und zerre die Pumpe aus dem Kofferraum und Panik erfasst mich, und mein Herz beginnt wie wild zu rasen im Verlangen, aufzubrechen in die südlichen Gefilde, zusammen mit all diesen eigentümlichen Mitverschworenen.

Ich presse, so schnell es geht, zwei Dutzend kräftige Luftstöße in den Reifen, um sogleich, jetzt schon außer Atem, mit der zweiten Startgruppe aufzubrechen. Inmitten dieser wirft nun auch der hagere Landsmann mit seinem Singlespeed sein Bein über den Sattel und strafft die Sehnen, um ebenso wie ich einzutauchen in die Weiten der mediterranen Landschaften, wo unser aller Lebensgeschichte fortgeschrieben werden wird und wo mein Landsmann – dazu bedarf es keiner prophetischen Gabe – nach menschlichem Ermessen mit seinem Versuch, die Berge mit diesem anachronistischen Fahrzeug bezwingen zu wollen, scheitern wird. Am Fuße irgendeines entlegenen Anstiegs wird er fraglos den Tribut zollen für seine Vermessenheit. Er ist zum ersten Mal hier und hat noch keine Begriffe von dem, was ihm bevorsteht, und er wäre nicht der Erste, dessen Höhenflug, der mit dem Nahen des *Mille du Sud* einsetzt, jäh endet unter dem erdrückenden

Gewicht der Realität – da gab es schon viele vor ihm, die besser gerüstet waren.

Waren eben noch Carcès und der staubige Vorplatz der Gemeindehalle das Zentrum unserer Gedanken, so ist mit dem Augenblick, wo das Rad ins Rollen gerät, alles vergessen. Kein Blick, kein Wink zurück zu Sophie und Bernard, die mit einem Mal alleine auf dem verlassenen Platz stehen werden, kaum dass sie den letzten Stempel gesetzt haben. Die beiden werden den Tisch, von dem aus sie eben noch die Meute verabschiedet haben, zurück in die leere Halle tragen, und vielleicht ist trotz der nun herrschenden Stille eine Geschäftigkeit geboten. Denn sicher werden sie bald aufbrechen, um irgendwo in der Ferne neuerlich Posten zu beziehen. An einem einsamen Ort in der französischen oder italienischen Provinz werden sie eine Geheimkontrolle einrichten, an einer Stelle, die alle Fahrer laut Plan und Reglement zu passieren haben. Und um dies sicherzustellen, werden sie sich beizeiten dort einfinden mit ihrem Stempel und vielleicht ein paar Kleinigkeiten zur Stärkung, um den Reisenden, die überrascht sein werden, sie dort vorzufinden, eine Freude zu machen.

Ab dem Moment, wo wir das rot-weiße Band überfahren haben, ist der Blick nach vorn geheftet, auf die Straße, auf das Vorderrad, die bunten Trikots, die von nun an übers Land strömen, auf das zu dieser Stunde belebende Grün ringsum, das, so könnte man meinen, noch nach Morgentau riecht... Doch wie sehr kann man sich täuschen in diesen Minuten, wo alles frisch und lebendig erscheint, nur weil das Dekor mit einem Mal gewechselt hat und der Körper in den lang ersehnten Gleichgewichtszustand zurückfällt, der aus diesem eigenartigen Zusammenspiel von Mensch und Maschine besteht, mit dem das Rad vor dem Umfallen bewahrt und mit kräftigen Stößen mitten in das leuchtende Herz der Provence hineingetrieben wird.

Wie sehr ließe sich über die Geheimnisse spekulieren, die einer Langstrecke innewohnen: Ist es nicht tatsächlich schwer zu greifen, was all die Menschen beseelt und über die Tage bei Laune hält, die hier zu dieser Meute zusammengewachsen sind? Vereint mögen sie sein, in gewissem Sinne, aber da ist nichts, was den einen an den anderen binden würde; die Abstoßungskräfte sind ebenso gegenwärtig wie die Anziehungskräfte. Und so sieht man die einen, die gleich zu Beginn das Weite suchen, denn sie fühlen sich dem Unbekannten gewachsen und sie glauben zu wissen, worauf sie sich eingelassen haben – auch wenn sich eine solche Annahme als trügerisch herausstellen kann.

Haben wir nicht in der Vergangenheit schon manche auf unseren Wegen getroffen, die, in prächtiger Verfassung losgezogen, später entkräftet im Café hingen oder in malerischer Kulisse ihren Leib auf eine Bank gehievt hatten? In dieser Weise haben wir sie schon in der prallen Sonne liegen sehen, und sie wussten nicht vor und nicht zurück mit ihren kreidebleichen, kaltschweißigen Gesichtern, so dass es keiner Worte bedurfte, um darüber in Kenntnis gesetzt zu sein, dass hier kein Staat mehr zu machen war. Auch wenn wir ihnen noch gut zugesprochen hatten, war doch klar, dass die Liste der Starter mindestens um den einen vor uns dezimiert sein würde, ehe aus ihr die Liste der Finisher geschmiedet sein würde.

Aber so gehört es ja zum Spiel, und wenn man am Anfang steht, will man nicht glauben, dass das Spiel diesen Verlauf nehmen könnte, ungeachtet aller Regelhaftigkeit, die angenommen werden darf, was die Konstitution des Randonneurs betrifft: Der Körper muss in den vorhergegangenen Monaten mit den zu erwartenden Strapazen vertraut gemacht worden sein, bei Tag sowohl als auch bei Nacht, das ist das Mindeste, und auch mit dem Material, das er sich gewählt hat, muss der Hasardeur auf gutem Fuße stehen. Aber darüber hinaus gibt es Wendungen, die sich an keine Regeln halten, und diese Geheimnisse werden wir nicht lüften, auch wenn wir im Nachhinein immer klüger sind und von Erfahrungen reden, die aber nur gerade so viel abdecken, wie hinter uns liegt.

Manche kenne ich aus unseren Reihen, die das Unerklärliche mit technischen Begriffen zu fassen und dingfest zu machen versuchen. Vieles von dem, was sie sich über Nahrung und Materialien in ihren verschiedensten Formen, wie sie am Rad zum Einsatz kommen, angeeignet haben, ist in der Tat zweckdienlich und willkommen im Kreis – wer wollte sich da nicht verführen lassen? Denn es täuscht doch insbesondere darüber hinweg, dass es die versteckten Dinge gibt, die wir nicht zu fassen bekommen oder erst später, weil sie auch manches mit uns selbst zu tun haben, mit Besonderheiten, die tief in uns stecken und derer wir nicht habhaft werden. Am Ende sind es aber nicht selten diese Geheimnisse, die ohne unser offensichtliches Zutun über unser Schicksal auf den Straßen des Südens entscheiden werden, und wären diese nicht, so würden unsere Herzen mit weniger Freude pochen, jetzt, wo es losgeht – davon bin ich überzeugt. Bei alledem reden wir dennoch lieber von Vertrautem oder den Vorzügen unserer Leidenschaft, wenn wir neben erfahrenen Mitstreitern dahinrollen oder uns mit den neuen Gesichtern, die uns der Zufall in den ersten Abschnitten zur Seite gegeben hat, bekanntmachen.

Salernes, Tourtour, Chateaudouble, Ampus – viele Ortschaften, die wir in den nächsten, in diesen noch gänzlich unbeschwerten Stunden durchfahren, müssten mir von den vergangenen Austragungen dieser

Langstrecke im Gedächtnis sein, bin ich doch beileibe nicht zum ersten Mal hier. Aber ich erkenne sie kaum wieder, denn wir lagen bei ihrer Durchfahrt zu später Stunde stets in den letzten Zügen, kurz vor dem Ende stehend, und die nächtlichen Ansichten dieser Dörfer blieben nur als verhuschte Fragmente in meinem Kopf zurück. Nun, bei Tage, möchte man überall anhalten und die Einheimischen nachahmen, die in scheinbar grenzenloser Zeitfülle mit gefüllten Einkaufstaschen plaudernd an den grob verputzten Häuserecken stehen und sich kaum umwenden, wenn unsere Räder durch ihre Straße surren, oder die ihren *petit café* inmitten dieser pittoresken Kulissen zu sich nehmen. Aber man hat ja auch seinen Stolz und seinen Eifer, jetzt, wo man auf dem Rad sitzt und nach den Tagen des Wartens wieder in seinem Element ist. Bis der erste Neid aufkommt, sind wir auch schon wieder durch.

Wir schreiten voran auf unserem welligen Kurs nach Nordosten, vorbei an heranreifenden Weinfeldern und den Eichenwäldern. Und wiederum werden wir uns, wie jedes Mal, dessen bewusst, wie wenig das Straßennetz auf der vertrauten Michelinkarte, die man Stunde um Stunde in Vorfreude studierte – und noch viel weniger die Linie auf dem GPS-Gerät – mit dem zu tun hat, was sich nun mit der Üppigkeit der Provence rings um uns her im seidenen Morgenlicht offenbart. Dankbar nehmen wir jede Kuppe, um uns mit einem überwältigten Staunen einen knappen Überblick zu verschaffen über den Streckenverlauf, der von Sophie für uns ausgesucht wurde, um unsere Kräfte an ihm zu messen. Und wieder würden wir alles geben müssen, um dieses fast liebliche Asphaltband, das sich hier noch munter über die Hügel zieht, bis zu seinem Ende verfolgen zu können, ein Ende, das sich in diesem Moment noch jeder Vorstellung entzieht.

Camp militaire de Canjuers, Kilometer 53

Am späten Vormittag passieren wir militärisches Sperrgebiet. Außer durch die Verbotsschilder, die hier in wilder Landschaft unablässig vor dem Betreten warnen, wird dies an anderer Stelle von parkenden Militärfahrzeugen – schweres, gepanzertes Gerät – unmissverständlich zum Ausdruck gebracht. Für einen Moment kommt mir der Gedanke, wie man es wagen kann, diesen wilden Landstrich für derlei Zwecke in Beschlag zu nehmen. Aber wir sind Gäste hier und es geht uns am Ende nichts an, und so nehmen wir diesen Umstand – solange wir nicht beschossen werden – in diesen glücklichen Stunden in Kauf. Ebenso wie das bergige Gelände, das gerade recht kommt, um die Klauen zu schärfen für das, was uns bevorsteht, auch wenn ich in diesen Augenblicken noch längst nicht an den Col Agnel denke, ja, noch nicht einmal an Italien.

Die Luft im Reifen hält, wie ich nebenbei feststelle, es scheint sich also um ein rein nächtliches Phänomen zu handeln, und nichts hindert mich daran, zu den vor mir Gestarteten aufzuschließen, die ihren Arbeitsplatz und Frauen und Kinder zurückgelassen haben, um hier an ihrer Geschichte zu feilen. Ihr Frohsinn wirkt ansteckend und fügt sich mit dem morgendlichen Sonnenschein zu einem Hintergrund, auf dem nur Erzählungen von tiefer Heiterkeit gedeihen dürften, von landschaftlichen Höhepunkten wie dem erhabenen Mont Ventoux am Horizont oder, zur Mittagszeit, den Schluchten von Saint-Auban: Zwischen den Felswänden verläuft die Straße sanft talwärts und ich lasse mich den schmalen Fluss, der zuzeiten gewaltige Wassermassen führen muss, entlangtreiben wie ein Kind, das noch nichts von den Gefahren des Lebens weiß, und so könnte der ganze *Mille du Sud* verlaufen, als ein sanftes Dahintreiben, und es wäre vermutlich fantastisch, aber so ist das Leben nicht und auch nicht der *Mille du Sud*.

Gilette, Kilometer 152

Hat man am frühen Nachmittag, nach einhundertfünfzig Kilometern, Gilette erreicht und erfasst man die atemberaubende Sicht ins breite, nahezu ausgetrocknete Flussbett des Var, muss man anhalten und seinen Tritt unterbrechen – es geht kaum anders – und sich über die schmale Brüstung beugen, und man staunt, was für ein Tal, das da unter einem liegt!

Unweigerlich fragt man sich, welche Gewalten dies geschaffen haben, welche Wassermassen es vermocht haben, diese unfassbar tiefe Schrunde in die Erde zu reißen. Ohne dass man es möchte, verwandelt sich das Szenario in eine biblische Landschaft, die nur Gewalten kennt, Bestrafung, Rache, und man ahnt das Ausmaß an Vergeltung, die hier vollzogen wurde, aber dies ist lange her – dem Himmel sei Dank!

Heute sind wir an einem anderen Punkt der Geschichte, dennoch widerstrebt es einem, sich am Ortsende auf dieser engen, gewundenen Straße in die Tiefe zu stürzen, auch wenn man weiß, dass man nichts zu befürchten hat: Die launischen Götter von einst haben sich verabschiedet, und das ist gut so, denn so kann man letztlich ohne Bedenken in die Hölle eintauchen, die dieses Tal in fernen Zeiten gewesen sein muss, als die Fluten alles davontrugen, was sich nicht am Felsgestein festklammern konnte. Nein, uns droht wahrlich keine Gefahr mehr, obschon die Sitten an den nahen Küsten gelockert sind, als wolle man den Götterzorn mutwillig heraufbeschwören. Man denke nur an die Strände von Nizza, zwanzig Kilometer flussabwärts, wo die Menschen halbnackt im Sand liegen mit diesem Unterton der Lust, die zusammen mit den betörenden Temperaturen, die dort herrschen, zu allem führen kann. Wir dürfen erleichtert sein, dass die alten Götter gegen diese Lasterhaftigkeit nichts auszurichten vermögen, denn noch immer liegt das Vartal da, als warte es auf die nächste Sintflut.

Trotzdem mag es sein, dass wir eben diesen Gewalten zu entfliehen trachten, wenn wir hier den Lenker unten fassen, Rufus, mein alter Weggefährte, und ich, die wir uns hier im Tal wieder zusammengetan haben, um gemeinsam dem Gegenwind die Stirn zu bieten. Kaum einer weiß um die Zerbrechlichkeit des Daseins so sehr wie wir auf unseren schmalen Pneus, die wir mit Vernichtung und Tod stets aufs Subtilste verwoben sind, umso mehr hier im Tal, unter dieser flirrenden Hitze, dem heißen Wind und den furchterregenden Gewalten der Motorkraft, mit denen die Menschen die einstige Macht der Götter an sich gerissen haben.

Ich bezweifle, dass die Fahrer, die, beschützt von ihrem unmerklich vibrierenden Blech, wie erstarrt an uns vorbeirauschen oder uns entgegenkommen hinter aufblinkenden Fensterscheiben – denn die Sonne steht noch sehr hoch und schleudert grelle Blitze von den verdunkelten Gläsern – diese Verletzlichkeit kennen. Gänzlich unspektakulär werden sie ihr Leben gemäß ihrer Vorstellung beenden, mutmaßlich mit einem Blutstau im Gehirn oder in einem Klinikbett, mit marodem Herzen oder knotigem Gewebe, das ihren Leib bläht, bis sich endlich das Fachpersonal dazu durchringt, die Geräte abzustellen. Keiner Zeitung wird ein solches Ableben eine einzige Zeile wert sein, so gewöhnlich werden sie ihr Leben beschließen, ein Leben, in dem alles nach Plan lief und jede Gefahr geflissentlich vermieden wurde. Uns hingegen, obschon wir sie nicht suchen, sitzt diese Gefahr beständig im Nacken, auch hier entlang dieses breiten Flussbetts, wo die Fahrzeuge seelenlos dahinrasen und wir ihnen umso schutzloser ausgeliefert sind.

Ja, seit ich dem Radfahren verfallen bin, sehe ich den Tod mich nie anders antreffen als in Radschuhen, ein Ende, das mir widerstrebt, das ich aber gegebenenfalls anderen Formen des Abtretens vorziehen würde. Auch gab es Zeiten, wo ich ein solches nicht allzu sehr gefürchtet hätte, aber vielleicht ist das auch nur so dahingesagt, denn solange man glimpflich davonkommt, geht einem eine derartige Behauptung leicht von der Zunge, und wenn es schiefgegangen wäre, wäre eine solche auch nicht mehr zu widerlegen.

Saint-Martin-du-Var, Kilometer 196

Wie auch ich wird Rufus etwas von dieser Beklemmung, wie sie von manchen Tälern ausgeht, spüren, denn seine Unruhe ist groß, als wir uns in Saint-

Martin-du-Var beim ersten offenen Geschäft versorgen. Er wolle sofort weiter, sagt er, und ich frage mich, was treibt ihn in dieser Hitze sofort wieder in den Sattel, kaum dass er seine Dose Cola hinuntergestürzt hat. Aber ich kenne die Antwort, denn wir sind nicht dafür angetreten, in den Tälern auszuharren, in dieser Luft, die uns den Schweiß aus den Poren presst. Trotzdem will ich selbst noch kurz verschnaufen und eine Kleinigkeit essen, ehe auch ich mich auf den Weg nach oben mache, an der Westflanke des Flusslaufes entlang, die in der Nachmittagssonne brutzelt und den Radwanderer, der sich auf ihr bergwärts bewegt, nicht minder brutzeln lässt. Oben wartet der Col de Chateauneuf mit seinen 627 Metern auf uns, aber dieser Berg macht mir keine Angst.

Nach einer guten Weile treffe ich in der Steigung wieder auf Manuel, er ist zum ersten Mal in der Provence gestartet, aber mit ihm verbindet mich die eine oder andere Leidensgeschichte auf dem Rad. Er ist sehr langsam geworden, man kennt ihn schneller, und es ist klar, dass etwas mit ihm nicht stimmt. Und schon beklagt er sich, er habe auf dem Weg zu viele Feigen gegessen. *Feigen?*, wundere ich mich, denn ich habe keine solchen Bäume gesehen. *Ja, überall,* und er habe so viele gegessen, dass es ihn fast zerreiße. Und da erst entdecke ich jenseits einer halb zerfallenen Steinmauer ebenfalls die Früchte, und ich frage mich, warum ich sie nicht längst früher bemerkt habe – woran habe ich nur gedacht? Aber in der Nachmittagshitze geht das Hirn seiner eigenen Wege. Wichtig ist, dass man genügend trinkt, um der drohenden Umnachtung ein Schnippchen zu schlagen.

Vom nächstbesten Feigenbaum lasse ich mich in Versuchung führen, während Manuel seinen Weg fortsetzt. Es ist kaum zu erwarten, dass ihm seine ungezügelte Völlerei übel mitspielt: Er ist ein zäher Kerl, den so schnell nichts umwirft. Die tiefblauen, fast überreifen Früchte sind in dieser trägen Mittagsstunde wirklich ausnehmend lecker und ihre klebrige Süße hat den Geschmack des Südens und hebt den Blutzuckerspiegel, doch ich bemühe mich, Maß zu halten, obwohl mich im Schatten der gezackten Blätter großes Wohlbefinden überkommt. Bald nehme ich es wieder mit dem Berg auf, Manuel allerdings bleibt verschollen, entweder hat er sich irgendwo im Schutz der Büsche ein wenig hingelegt oder es hat ihn tatsächlich zerrissen, aber ich sehe keinen Grund zur Besorgnis: Manuel neigt zur Übertreibung und das schätze ich auch an ihm, sonst hätte er diese beschwerliche Reise wohl erst gar nicht angetreten.

Auf tausend Kilometern ist es unmöglich, seine Gedanken zusammenzuhalten, sie stieben davon wie junge Hunde, jagen durch die Dörfer und über das steinige Gelände und die Weinfelder, verbeißen sich hier und dort – und was sie nicht alles zurückbringen von ihren Streifzügen. In einem fort bin ich damit beschäftigt, diese Dinge in ihrem Farbenspiel zu ordnen und mich darüber zu wundern oder daran zu erfreuen: am Ocker der Häuser und dem Blau der Fensterläden, an den runden, ausgeblichenen Dachziegeln, die hier Mönch und Nonne heißen und ineinander verschlungen in der Sonne dösen, an den gusseisernen Rohren der Brunnen, an den Vorgärten mit ihren bunten Früchten an hölzernen Gerüsten, an der Wäsche auf den Balkonen, die auf den schlichten Wohlstand der Dorfbewohner schließen lässt... Wie leicht fährt es sich durch solche Weiler, die nicht – wie die Orte der Reichen – in steter Verteidigungsbereitschaft stehen mit ihren hohen Mauern und schweren Toren.

Ebenfalls bemerkenswert finde ich die Kilometersteine, kniehohe steinerne Rundbögen, die wie stille Wächter am Wegesrand stehen, uns in leuchtend gelber Farbe den Weg weisen und mit ihren Kilometerangaben Bericht erstatten über unsere Fortschritte. Man erinnert sich, dass Frankreich das Land des Urmeters ist; in Paris soll er ausgestellt sein als Monument in Platin, und hier in der fernen Provinz kämpfen wir mit seinen Nachfahren, und davon gibt es unermesslich viele, so dass man sie in Tausendern zusammenzählt, und das ist nicht genug: Ein solches

Bündel wird nochmals tausendfach vor uns ausgerollt und ergibt am Ende den *Mille du Sud*, eine Distanz, die, als der Meter im ausgehenden achtzehnten Jahrhundert erfunden wurde, noch unendlich schien und mit reiner Menschenkraft in drei Tagen unmöglich zu bewältigen war. Die Tatsache, dass ein solches Vorhaben heutzutage zu einem glücklichen Ende gebracht werden könnte, scheint mir ein gewaltiger Fortschritt der Menschheit zu sein. Man sollte dieses Wunder würdigen, und das will ich gerne und mich ansonsten mit meiner Rolle als Reisender zufriedengeben und mich weder von der Hitze noch vom groben Fahrbahnbelag aus dem Takt bringen lassen.

Manuel, nach dem ich weiterhin vergeblich Ausschau halte, denn seine Gesellschaft würde mir die Zeit des Anstieges verkürzen, würde dem sicherlich beipflichten. Auch er fügt sich meist tadellos in seine Rolle, aber er genießt es, noch eins draufzusetzen. Er versteht es zu reden und die anderen mitzureißen, und gerne auch brüstet er sich damit, dass er auf einer Langstrecke immer nur ans Vögeln denke. Es ist schwer zu sagen, was es damit auf sich hat, denn sein Tritt ist unauffällig und auch sein sonstiges Gehabe ist nicht in dem Maße exaltiert, dass man sofort Verdacht schöpfen würde, was ihn in diesen drei Tagen umtreibt. Aber würde er mir erzählen, dass er damals, in der Provinz, seinen Kiez und ein paar Bräute kontrolliert hat, sofort würde ich es glauben. Doch jetzt hat er – auch wenn er ständig von schmutzigen Dingen redet – erkennbar den Pfad der Tugend eingeschlagen, wie wir alle, die wir hier unterwegs sind. Und zum Zeichen dessen tragen wir ein unscheinbares Schild an unserem Rad mit dem Schriftzug des *Mille du Sud*.

Col de la Madone, Kilometer 215

Das Meer ist fast in Reichweite und es wäre ein Leichtes, dem Küstensaum zu folgen, doch so ist es fürs Erste nicht geplant, und hier oben findet man nur schwer seinen Rhythmus. Das Vorankommen ist stockend, und jeder versucht auf seine Weise, dem Profil der Alpes Maritimes gerecht zu werden, stehend, sitzend, mit dickem Gang oder behände tretend. Wir zerstreuen uns und finden uns wieder, und rechtzeitig, bevor die Straße endgültig dem Meer zustrebt, kann ich Rufus mit lautem Geschrei gerade noch rechtzeitig warnen und zur Umkehr bewegen, denn der richtige Weg führt nach links oben, hinauf zum Col de la Madone, 927 Meter hoch gelegen. Noch ist es nicht Zeit für die Abfahrt, in die er schon hineingerast ist, obwohl er mit den Straßen für gewöhnlich einen gewissenhaften Umgang pflegt. Der Nachmittag macht schläfrig und unversehens ist man auf der falschen Fährte.

Es ist der letzte Pass auf französischer Seite, und ich höre von Rufus, dass dies einer der bevorzugten Anstiege eines großen, wenngleich hochmütigen Rennfahrers des vergangenen Jahrzehnts gewesen sein soll, was nicht verwundert, denn der Pass ist steil und kräftezehrend. Als Profi weiß man das zu würdigen, und so hat er diesen Berg allein durch seine wiederholte Anwesenheit für sich vereinnahmt, sie werden noch auf Jahre hinaus in einem Atemzug gemeinsam erwähnt werden, Lance Armstrong und der Madone. Wir hingegen, flüchtige Passanten, werden hier keine Spuren hinterlassen; aber dennoch schätzen wir ihn, schätzen seine Ruhe und die stille Schönheit, die mit jedem Meter, den wir uns nach oben bewegen, noch zuzunehmen scheint, bis wir, schweißgebadet, endlich oben triumphierend den Blick aufs Meer werfen, tausend Meter unter uns.

Und was geht da nicht alles vor in einem, wenn man an einem solchen Schauplatz steht! Dank an die Bauarbeiter, die diese Straße vor Jahrzehnten aus dem Fels geschlagen haben, Dank an die Gesellen, die mein Rad zusammengeschweißt haben, Dank an Sophie, die den Plan so vorzüglich entworfen hat... In dieser Höhe sind die Gedanken leicht, aber sogleich setzt auch der Hunger ein, den ich im Anstieg verdrängt habe, und schon sitzen wir an diesem Campingtisch, der extra für uns Landfahrer aufgebaut wurde.

Hier ist eine erste Geheimkontrolle und zweifelsohne ist dies ein würdiger Ort für einen Stempel ins Brevetheft, verabreicht von den beiden Männern mittleren Alters, denen wir schon in Carcès begegnet sind und die hier noch bis weit in die Nacht hinein ausharren werden – auf Bitten Sophies und wohl auch, weil sie Freude haben an diesem Treiben. Wir jedoch, Gäste für kurze Zeit, greifen ohne Umstände nach dem Kuchen, der, noch halb in Plastikfolie eingehüllt, uns zum Verzehr bereitliegt.

Länger als nötig wollen wir den beiden nicht zur Last fallen, Rufus und ich, und auch mein Hunger ist nicht von der Art, dass großes Sitzfleisch vonnöten wäre. Doch gerade als wir uns zur Abfahrt hinunter zur Küste anschicken, kommt der nächste Schwung Randonneure über die Kuppe. Schon seit vielen Jahren verbindet uns das Leben auf der Landstraße, und so finden sich schnell Worte, die uns das Warten erleichtern, und auch die Aussicht, an der ligurischen Küste gemeinsame Sache zu machen, ist verlockend, kennen wir doch den einen oder anderen als Fahrer von lockerem Mundwerk.

Der Gang der Dinge, dem wir gerne die Geschicke überlassen, will es, dass wir uns hier oben zu sechst zusammenrotten, sechs Lebensfäden, die bestimmt nur für kurze Zeit miteinander verknüpft sein werden, das ist jetzt schon klar, denn lange haben solche Koalitionen keinen Bestand. Eine Langstrecke ist schließlich keine Gruppentherapie, sondern viel eher eine Einzelsitzung. Aber auch davon zu sprechen, wäre übertrieben, wenngleich es *Sitzung* in diesem Zusammenhang ziemlich gut trifft, denn der Hintern wird bei alledem nicht wenig gefordert. Nun also sind wir zu sechst, wie wir die enge Passstraße hinunter nach Menton jagen, und fast wären unsere sechs Lebensfäden abrupt auseinandergerissen worden von einem entgegenkommenden SUV in Weiß, einem jener modernen Panzerfahrzeuge, deren Piloten man ihr Geltungsstreben für gewöhnlich nicht übelnehmen möchte, wenn sie nicht, wie in diesem Fall, in ausladendem Habitus die ganze Straßenbreite in Anspruch nehmen, was jedem Sinn für Gerechtigkeit Hohn spricht.

In solchen Momenten kann man sich über die Geistesgegenwart der Randonneure nur wundern, die sich in dieser außergewöhnlichen Situation nicht in ihr Schicksal fügen, sondern es schaffen, in Sekundenbruchteilen auf die verbleibenden Zentimeter am rechten Rand auszuweichen, hauchdünn am scharfen Felsgestein entlang. Auf diese Weise bleibt dieser dumpfe Schlag glücklicherweise aus, der dem SUV-Piloten einen Treffer signalisiert, und wir erreichen unbehelligt zu sechst den Fuß dieses steil abfallenden Küstenberges und folgen der Straße bis hinab zur Strandpromenade.

Es ist großes Kino, durch die Palmen hindurch aufs Meer zu blicken, man freut sich, dass das Leben weitergehen darf, und der Anlass ist wie gemacht dafür, unser Überleben mit einer Runde Bier zu feiern, was uns zudem die Gelegenheit gibt, beim Wirt einen Stempel zu erfragen. Menton ist auf der Liste der Kontrollstellen auf meinem Oberrohr verzeichnet, und in der Brevetkarte gibt es ein freies Feld dafür, das nach einem entsprechenden Stempel verlangt, verabreicht von einer Bäckerei, einer Bar oder einem sonstigen Betrieb aus besagtem Ort.

Der Wirt kommt unserer Bitte nach, nicht ohne seinem Ärger über diesen zusätzlichen Aufwand Ausdruck zu verleihen, aber sein Umsatz ist im Gegenzug auch nicht zu verachten. Wir atmen tief durch und salzige Mittelmeerluft strömt in unsere Lungen, während direkt vor uns die Touristen die abendliche Küstenstraße entlangflanieren, und wenn ich diesem Moment eine Farbe zuordnen dürfte, wäre ein Goldton zumindest beigemischt.

Tag 1, Mittwoch

Ligurien

Menton, Kilometer 230

Der Schaum ist noch nicht in den Biergläsern getrocknet, als wir selbst schon wieder Teil der flanierenden Massen werden. Aber noch ehe wir die nahe Grenze nach Italien erreicht haben, ist unsere Gruppe bereits zersplittert, weil es der Verkehr fast unmöglich macht, die Übersicht zu bewahren, und Gruppen wie die unsere – weniger aus ideologischen als aus ganz pragmatischen Gründen – führerlos sind und wir uns stattdessen im Einzelkampf im abendlichen Chaos bewähren, was uns einiges an Wachsamkeit abverlangt.

Dafür haben wir das Meer zu unserer Rechten und besonders in den Momenten, wo sich die Straße im Einklang mit der geologischen Küstenformation aufbäumt und einen Teil des touristischen Treibens unter sich lässt, packt mich wilde Begeisterung für unser Tun, zumal das Trikot offen bleiben kann und der warme Küstenwind angenehm durch die Schlitze des Helms bläst, während sich der Halbmond am Horizont andeutet und sich das Blau der Wogen dunkler und dunkler färbt.

Ich beginne, diesem Abend am Meer Bedeutung beizumessen, je mehr wir uns Sanremo nähern. Jeder Radfahrer weiß um die Rolle dieser Stadt als Zielort eines der großen Monumente im Rennkalender der Radprofis und um die Schlachten, die hier seit mehr als einhundert Jahren auf der Ziellinie geschlagen wurden, von Helden, die Stunden zuvor in Mailand von der Leine gelassen wurden. Und Ähnliches erleben nun auch wir bei unserer Ankunft, aber nicht, weil wir hier in einen Sprint verwickelt worden wären. Nein, in Sanremo stellen wir, wieder zu viert, unsere Räder zur Seite, und das Einzige, was wir uns erobern, ist ein freier Restauranttisch inmitten der ausgelassenen Urlauber, und es fühlt sich an wie in heroischen Zeiten, als die Rennfahrer noch nicht umsorgt wurden wie teure Rennpferde, sondern sich noch selbst den Weg zum Tresen bahnen mussten, wollten sie etwas anderes zu trinken als Wasser. Die Pizza wird uns von freundlicher Hand serviert, und dazu Bier, Cola und Kaffee, und es kommt viel Gelächter zusammen.

Das Leben pulsiert hier anders, aber nicht weniger als auf dem Rad, und vieles wird in die Erinnerung eingehen. Blondierte Damen mit blondierten Pudeln. Die fliegenden Händler mit ihrem Tand, denen Rufus eine mit blinkenden Dioden besetzte Sonnenbrille abkauft, die er niemals aufsetzen wird. Die kurz berockten Brautjungfern, die ihre hübschen Beine direkt vor unserem Tisch abstellen – da können wir nicht mithalten. Und das Gelächter will nicht verstummen, was man fast nicht verstehen kann, denn das Tagwerk war zehrend, aber dies ist ja erst der Anfang und da sollte man sich allemal noch zu einem Lachen aufraffen können, sonst wird das nichts mehr.

Ligurische Küste, Kilometer 300

Der Mond steht über dem pechschwarzen Meer und hinter uns liegen Ventimiglia, Sanremo, Imperia. Wir haben sie geradlinig durchschnitten, diese Orte mit all den knapp bekleideten hübschen Menschen in Weiß, die hier die schönste Zeit des Jahres verbringen. Doch am Ende springt kaum mehr etwas davon auf mich über, als wir unter den blinkenden Leuchtreklamen durch die Gruppen der Nachtschwärmer steuern. Unsere Heiterkeit ist anderer Natur und nicht weniger nährend – haben wir nicht alles gesehen, was es zwischen Menton und Pietra Ligure zu sehen gibt? Und das ist wirklich nicht wenig, denn bis Mitternacht quellen die Straßen über von Genusswilligen, Eisdielen laden zum Verzehr und das gelbe Licht der Straßenlaternen steht über uns und wirft unsere flüchtigen Schatten auf den Asphalt. Alles ist prächtig, aber so beschaffen, dass wir am Ende unsere Kraft wieder ruhigen Gemüts dem Gebirge widmen können.

So nehmen wir es gerne hin, dass die Schwärme ausdünnen und uns schließlich nur noch der Mond zur Gesellschaft gegeben ist. Abseits der gleißenden Lichter meint man, selbst in der Dunkelheit noch ferne Ozeandampfer auszumachen, die, meterhohe Bugwellen aus salzigem Meerwasser vor sich her schiebend, weiß der Himmel wohin fahren, um die halbe Welt vielleicht, während wir auf dünnem Stahlgeröhr dem Lauf der Dinge folgen – aufrecht über der Straße balancierend und uns endlich dem ligurischen Hinterland zuwendend, und in der Gewissheit, dass wir unserer Biografie einen prallvollen Tag hinzugefügt haben. Und es wird nicht der letzte sein, denn es ist ja nur das erste Drittel, das wir bis hierhin bestanden haben.

Für die Brunnen am Wegesrand empfindet der Randonneur große Dankbarkeit, selbst wenn er mit vollen Flaschen vorbeifährt. Selten nur sind sie in dieser Gegend und wir schätzen sie umso mehr als eine Willkommensgeste an den Reisenden, der nicht mit komplettem Mobiliar, Dosen- und Getränkevorrat, wie es nun Sitte geworden ist, unterwegs ist, sondern wie in einstigen Zeiten, mit schmalem Gepäck und knappen Vorräten. Und sind die Behälter am Rad leer, lässt man eine derartige Gelegenheit keinesfalls ungenutzt.

Nach einem solchen Halt verlaufen sich die Spuren meiner Mitfahrer nach oben hin im Dunkeln, so wie sich nach unten hin die Lichter der Küste verlieren, mit dem Ergebnis, dass ich schon nach wenigen Kilometern im Landesinneren wieder alleine mit mir zurechtkommen muss. In dieser Nacht stellt mich dies vor keine große Aufgabe, denn noch sind alle Sinne wohlauf, und vielleicht hat sich nach den an der Küste zu beobachtenden Bemühungen um Amüsement sogar ein gewisser Überdruss hinsichtlich der menschlichen Gesellschaft eingestellt. Jedenfalls habe ich noch einmal das Gefühl, dass es mir an nichts fehlt, selbst als plötzlicher Nebel meine Einsamkeit akzentuiert, was zu einem schönen Detail dieser dreitägigen Geschichte werden könnte.

Der *Mille du Sud* ist noch mehr als andere Langstrecken in seinem Verlauf unvorhersehbar. Man gibt beim Start sein Schicksal aus der Hand und wartet ab, was passiert, und all dies ist so ganz anders als das, was uns zu Hause widerfährt, wo uns jeder Schritt, den wir machen, planbar erscheint und getaktet ist, während wir hier in einem Tempo, das sich im Grunde genommen unserer Kontrolle entzieht, von Berg zu Berg geschoben werden, von Berg zu Berg. Mit sechzehntausend Höhenmetern, so hatte Sophie angekündigt, würde dieser Rundkurs über fünfundsiebzig Stunden zu Buche schlagen, und man vergegenwärtige sich nur einmal, was dies bedeutet: eine Wand von sechzehn Kilometern Höhe.

Mit einem solchen Bild vor Augen kann man sich vorstellen, wie es um uns bestellt sein mag, die wir glauben, es in drei Tagen mit dieser Wand aufnehmen zu müssen. Die Vermutung liegt nahe, dass unsere Lebensgeschichten seltsame Wendungen genommen haben müssen, um uns hier wiederzufinden, auch wenn wir in unseren Erzählungen zumeist jede Aufklärung über solche intimen Angelegenheiten schuldig bleiben. Am Ende sind doch nur alles Worte, und in dem, was jeder für sich bewahrt, fühlt man sich auch ohne Worte verstanden, dies bleibt nicht aus in derlei schicksalhaften Tagen.

Gesprächsstoff gibt es jedenfalls auch so genug und meist ist es nicht der Mangel daran, wenn die Stunden der gemeinsamen Fahrt schweigend verlaufen – hat man nicht schon genug mit der Strecke zu tun? Trotzdem ist nicht auszuschließen, dass – besonders in den frühen Morgenstunden, wenn man sich zum Wachbleiben nicht anders zu helfen weiß – die Sprache auch auf schwierige Umstände im Leben kommen kann, die den Zuhörer rühren. Und so ergriff auch mich schon der Impuls, meinem Mitfahrer die Hand mitfühlend auf die Schulter zu legen, was nicht meine Art ist, zumal solche Gespräche nur im Flachen stattfinden und nur selten in den Anstiegen, wo Aufmunterung tatsächlich vonnöten wäre. Vielleicht offenbart diese mir wenig geläufige Regung auch einfach, dass man in den

Stunden zwischen Tag und Nacht dünnhäutig wird. Und dennoch, das will ich nicht verschweigen: Diese Zeit schien mir genau genommen nicht weniger wertvoll. Trotz der Müdigkeit und obwohl ich die Hand am Lenker gelassen habe.

Die Nebelschwaden legen allmählich ihren feuchten Film über mich, während ich mich hier in vermeintlicher Einsamkeit mit den italienischen Steigungen vertraut mache. In dieser Phase des Schwebens zwischen den Welten, hier die Küste, dort das Gebirge, scheint in den vereinzelten Häusern ringsumher alles dem Schlafe verfallen zu sein; es mag ein Uhr sein, und nur hie und da zeugt ein jaulender Hund von der Kenntnisnahme meiner Gegenwart. Aber woher nehme ich die Sicherheit, dass sie nicht hinter den Vorhängen ihre neugierigen Blicke auf mich werfen, die Bewohner dieser südwärts ausgerichteten Bergflanke, die sich hier niedergelassen haben? Sie werden – so male ich mir das aus, während mein leiser Atem sein Wechselspiel mit der Stille treibt – sich hier eingerichtet haben, um ihren Lebensabend mit Blick aufs Meer zu genießen, zu zweit oder allein, die Kinder irgendwo über die Metropolen Europas verstreut; und nun lauschen sie den Geräuschen des Dunkels, um die langen Nächte nach den langen Tagen mit dem immer gleichen Blick aufs Meer zu füllen. Beim einen oder anderen wird wohl auch Enttäuschung im Spiel sein, so dass sie, aufgeschreckt durch die fernen Hunde, insgeheim froh sind, wenn sich nächtens Gespenster, von denen sie zu Recht vermuten, dass sie harmlos sind, auf den gewundenen Straßen herumtreiben und ihnen, ohne dass diese es wüssten, Gesellschaft leisten.

Colle del Melogno, Kilometer 345

Dass sich alles, was hier vereinzelt nach oben strebt, am höchsten Punkt des Anstiegs, dem Colle del Melogno, inmitten der Nebelschwaden, an einem Campingtisch sammeln würde, auch das war für uns unvorhersehbar. Zwar erahnt man die Geheimkontrollen, aber niemand von uns weiß, wo sie auf uns warten. Und nun, da die Strände nur noch eine blasse Erinnerung des vergangenen Tages sind, hier, fast tausend Meter über dem mondbeschienenen Spiegel des Meeres, sind auch wir wieder dankbar für die Gesellschaft einer Handvoll Mitverschworener. Die Tatsache, dass unser Vorankommen sein Gespensterhaftes verliert, lässt jeden Ankommenden gerne nach den bereitstehenden und schon klamm gewordenen Campingstühlen greifen und sich wie ein kleiner König von Sophie in ihrer dicken Jacke bewirten mit Suppe, Obst oder Kuchen. Besser noch, man lässt sich alles zusammen vorsetzen, während man sich Schluck um

Schluck den heißen Instantkaffee einverleibt, um die wohlige Wärmezufuhr auf ein Maximum auszudehnen.

Den weiten Weg hierher hat Sophie in Begleitung von Bernard zurückgelegt, in dessen Citroën DS, der in den Augen von Kennern als ganz besonderes, in seiner Eleganz allenfalls noch mit dem Fahrrad zu vergleichendes Fahrzeug gilt. Umsichtig entfernt Bernard sofort jedes aus Ignoranz an dessen kostbares Chassis gelehnte Rad – auch meines werde ich am Ende wieder vom Boden aufheben müssen. Ich will nicht wissen, wie viel Strecke sie gemacht haben seit unserer Abfahrt am frühen Morgen über die viel befahrenen Autobahnen und endlich die schmale Straße hoch zum Colle del Melogno, um sich die Nacht um die Ohren zu schlagen, damit diese Bande hier um zwei Uhr in der Früh verköstigt wird und einen Stempel erhält als Nachweis, dass sie diesen einsamen Punkt passiert hat.

Ohne solche unangekündigten Kontrollen könnte der Fall eintreten, dass der eine oder andere den bequemeren Weg wählt, der im Tal verläuft, was ihm Zeit einspart, von der er mutmaßlich glaubt, sie besser verwenden zu können. Doch kein Randonneur riskiert es, einen solchen Stempel später unter größter Peinlichkeit als fehlend eingestehen zu müssen. Dies ist ihm ein Schlimmeres als das Erwischtwerden beim

Schwarzfahren in der Straßenbahn, was ein geradezu lächerliches Vergehen darstellt im Vergleich zu diesem viel gravierenderen Delikt, das alle Mühen ihrer Anerkennung beraubt und Schande über den Delinquenten bringt trotz aller sonstigen Leiden, die er auf sich genommen hat.

Und so ist es nur zu verständlich, dass dieser kleinwüchsige Franzose, der nun kurz nach mir eintrifft, ganz und gar im Boden zu versinken droht, als er zur Kenntnis nehmen muss, dass ihm der Stempel von der ersten Geheimkontrolle auf dem Col de la Madone fehlt. Würde nicht die Dunkelheit einen Schatten auf sein Gesicht legen, es wäre sicherlich ebenso rot wie sein Trikot, das nun unter seiner Jacke verborgen ist, dessen leuchtende Farbe mir aber zu einem früheren Zeitpunkt aufgefallen war. Sein Stammeln verrät seine Hilflosigkeit, mit der er hier seinem Untergang entgegensieht, und keine Ausflüchte helfen ihm über das Vergehen hinweg, diese ominöse Kontrolle nicht passiert zu haben. Er muss sich sein Scheitern eingestehen, denn Sophie zeigt sich in diesem Punkt unerbittlich und lässt keinen Zweifel daran, dass hier die Regeln eisern sind. Da kann er sich drehen und wenden, wie er will.

Selbst die Anwesenden, die des Französischen nicht mächtig sind, spüren etwas von der Beklemmung, die dieser Vorgang mit sich bringt, auch wenn ihr Verhältnis zu Regeln und Konventionen ein gelockertes ist, weil es das Leben auf der Straße so mit sich bringt. Ist man nicht auch alt genug, zu unterscheiden zwischen dem, was dem guten Leben dient, und dem, was ihm abträglich ist? Man versucht, dem Franzosen zugutezuhalten, dass er bestimmt nur die richtige Abzweigung zum Col de la Madone verpasst hat und stattdessen talwärts gerauscht ist, wie es ja auch meinem alten Weggefährten ums Haar passiert wäre. Viel zu spät erst wird er sich um die richtige Richtung gekümmert haben, als ihm jede Lust vergangen war, nochmals umzudrehen und den weiten Weg zurückzufahren, was sich nun als Fehler herausstellt.

Trotz dieser Nachsicht kehrt etwas von dem Gespenstischen des Aufstiegs zurück, wenn die Männer im kalten Schein ihrer Stirnlampen dasitzen, die sie wohl aus Nachlässigkeit nicht abgeschaltet haben, denn man könnte eigentlich wissen, dass man das Gegenüber blendet. Oft genug haben wir das erlebt, wenn wir im Überschwang zu später Nacht in irgendwelche Kneipen gestürmt sind, um einen Stempel oder nur einen Kaffee zu erbitten, dass der Wirt irritiert anmerkte, wie sehr ihn das Licht auf dem Helm ins Auge steche und ob man es nicht auch ausmachen könne. So etwas stellt unsere Gesellschaftsfähigkeit immer wieder ernsthaft in Frage, und so ist es auch hier.

Es ist nicht nur die Müdigkeit, die den Gesprächsfluss ins Stocken gebracht hat, oder die Beklemmung angesichts der Umstände. Im Grunde ist jeder, der hier sitzt, zu dieser Stunde rasch wieder zum Gespenst geworden, das sich kurz an der Nähe der anderen wärmt, ehe es wieder in der Nacht verschwindet, so wie der kleine Franzose nun ohne weitere Worte zu verlieren wieder sein Rad besteigt und sich im Nebel auflöst, aus dem gerade eben Rufus aufgetaucht ist, der mit uns in Sanremo Pizza essen war, dann aber im Trubel der Uferpromenaden und Einkaufsstraßen verloren ging.

Warum auch immer, er hält sich nicht lange auf. Kaum dass er ein paar Sätze in die Runde geworfen und seine Brevetkarte für einen Stempel über den wackligen Tisch geschoben hat, so dass die Thermoskanne zu schaukeln beginnt und der Kaffee ums Haar über die Becherränder schwappt, ist er schon wieder fort. Erneut frage ich mich, welcher Teufel ihn reiten mag, um dieser Rastlosigkeit verfallen zu sein, aber er ist ja kein Einzelfall. Ist erst einmal Mitternacht vorbei, sind die Teufel mit ihren Einflüsterungen überall, und auch als Gespenst hat man mit ihnen zu kämpfen, wenn sie einen zurück in die Einsamkeit treiben und mit ihren schmierigen Fingern während der Fahrt die Augen zudrücken. Oder wenn sie einem gar die Straße unter den Reifen wegziehen, so dass einen nur ein geistesgegenwärtiges Lenkmanöver vor dem Sturz bewahrt, während sich das Licht des Scheinwerfers panikartig im Geäst neben der Straße verfängt, statt den Raum vor einem auszuleuchten.

Die Straße, wie sie sich vor mir hinzieht, als sich die Fahrer, die eben noch gemeinsam in die Abfahrt gestartet sind, zerstreut haben und mir nur das eigene Licht verbleibt, ist im Schein des Mondes bleich wie ein Gerippe. In diesem Licht verblassen auch die Geschehnisse des zurückliegenden Tages und verschwimmen mit dem längst Vergangenen und dem, was uns in unserer Vorstellung noch erwartet. Ereignisse, die wir unserer Jugend oder Kindheit zurechnen, vereinen sich auf magische Weise mit dem warmen Wind, der mich bisweilen zu tragen scheint, und dem endlosen Treten der Beine, die ihr eigener Herr zu sein scheinen. Ohne erkennbare Absicht treibt der Kopf auf seine Weise sein Spiel mit diesen Dingen. Alles wirkt wie weichgezeichnet und kommt wie in Watte gepackt daher.

Und so spielt sich manches hier in den ligurischen Bergen ein zweites Mal ab, was beim ersten Erleben rau und verletzend war, so als federe das nächtliche Kreisen der Beine alle Härten des Lebens ab oder bringe vieles just in jenen Rhythmus, der in der Vergangenheit niemals zu finden gewesen wäre. Dann kommt plötzlich das Ganze ins Stocken, weil eine neue Steigung den feinen Schleier zerreißt, und es dauert lange, bis man sich wieder fallen lassen kann ins Gewesene, doch es fühlt sich schwerelos an, und wie schön ist es doch, sich auf diese Weise seiner Einsamkeit hinzugeben.

Unter dem Schein des Mondes segelt man von Kindheitsträumen zu ersten Verliebtheiten, und wie leicht passiert es, dass in diesen Phasen plötzlich das Meer zurückkommt. Es wäre keineswegs ungewöhnlich, selbst in dieser Mittelgebirgszone das Rauschen zu hören, so wie ich es damals gehört hatte, als ich vor undenkbar langer Zeit in einem erhebenden Moment zum ersten Mal die Schaumkronen der Meeresbrandung zu Gesicht bekommen hatte, was für einen Jungen, der fern der Küste groß geworden ist, ein gewaltiger Einschnitt im Leben war, ahnte er doch zum ersten Mal etwas von der Weitläufigkeit dieses Planeten: eine Ahnung, die er viele Jahre später in ähnlichem Ausmaß wiederfinden sollte, als er seine erste Nacht auf dem Rad verbracht hatte und die Landschaften und Dörfer im ersten Sonnenstrahl so verschieden waren von denen des Vorabends.

Gleichwohl – inmitten dieser Hügel zu glauben, man höre das Meer, ist gut und gern fragwürdig, aber ist nicht alles fragwürdig, was sich hier abspielt in den ligurischen Bergen, wo ich in die Morgendämmerung hinein unterwegs bin, allein und auf die zarten Hirngespinste angewiesen?

Längst gehörte ich in ein warmes Bett, doch Ratschläge sind hier fehl am Platz, und jeder Ordnungsruf aus meinem Inneren prallt ab an der Üppigkeit der letzten zwanzig Stunden. Und in dieser Form wünsche ich mir auch die nächsten Tage, genau so, aber es lohnt nicht, so weit zu denken, schon gar nicht jetzt, im Moment der Schwerelosigkeit, im Moment des wirklichen Eintauchens in die Tage und die Nächte in den Gefilden des Südens. Die Gegenwart soll mir genug sein, und es kann ja doch alles ganz anders kommen, so wie es immer ganz anders kam, so dass ich es weiß Gott manchmal satt hatte, dass immer wieder Neues kommen musste und Neues und noch mal Neues, und nie war der perfekte Moment dabei und wie oft waren alles nur leere Versprechungen, die ich mir selbst oder die mir andere gemacht hatten… Nein, es ist bereits genug, wie es ist, und mehr kann man nicht verlangen.

Pontinvrea, Kilometer 382

Im Morgengrauen finde ich in meinem Dahintreiben durch die Nacht Halt auf einer Parkbank. Wollte ich mich nicht bereits viel früher aufs Ohr legen? Doch kam es nicht dazu, weil ich über die Stunden nicht den Grad an Müdigkeit erreicht hatte, der einen über Mängel hinsichtlich der Schlafgelegenheit großzügig hinwegsehen lässt. Und so erlebe ich noch die Vorboten des neuen Tages, ehe ich um fünf Uhr, nun dankbar, eine Parkbank akzeptiere und meinen Schlafsack ausrolle, um während des Schlafs nicht auszukühlen, obwohl die Nacht bis hierhin angenehm gewesen war. Erst in den frühen Morgenstunden musste ich auf wärmere Kleidung zurückgreifen, um meine Temperatur zu halten, was mir sehr gelegen kam, denn so wähnt man sich noch im Sommer, was gut ist fürs Gemüt, jedenfalls für mein Gemüt, das dem Sommer von allen Jahreszeiten den Vorzug gibt.

Umso schlimmer, dass es geheißen hatte, heute käme ein Tag auf uns zu, der Wolken und Kühle mit sich bringe, je mehr wir dem Col Agnel zu Leibe rückten. Doch auch als ich wieder erwache, eineinhalb Stunden später, zeigt sich der Himmel ohne jede Dramatik, von einer pastellblauen Unbedarftheit, gerade so, als würden wir uns heute allenfalls mit Mittelgebirgshügeln auseinandersetzen und nicht mit einer Legende des Radsports, aber der Tag ist ja noch lang.

Tag 2, Donnerstag

Piemont

Sassello, Kilometer 399

Obwohl der Randonneur weiß, dass er sich ganz dem Schicksal überantwortet hat, versucht er doch aufs Beste, die Geschicke zu lenken, und was diesen Morgen anbelangt, gelang mir dies mit der Wahl meines Schlafplatzes gut. Bis Sassello, wo ein weiterer Kontrollpunkt ist, der einen Stempel im Heft verlangt, sind es von meinem Ruheplatz aus nur zehn Kilometer, die ich ohne weiteres auch nüchtern schaffe. Obschon, wenn es hart auf hart käme, würde kaum einer von uns – bis auf den Kaffee – auf ein kleines Frühstück verzichten müssen. Fast immer fände sich etwas Essbares in der Lenkertasche: Brotreste, Kekskrümel, angebrochene Riegel und, ginge man mit einem Spachtel ans Werk, bestimmt noch vieles andere. Jeder trägt auf diese Weise seinen Bodensatz durch die Geschichte, eine reichhaltige Flora, die es zu ergründen gälte – aber will man wirklich alles wissen?

Lieber lasse ich den Deckel meiner Tasche zu und nehme Fahrt auf, und auf dem Weg nach Sassello begegnet mir Manuel, der sich in seiner Unterkunft, einer Bushaltestelle, reckt und aus seiner Decke schält und mich grüßend angähnt – er wird mir wohl bald nachfolgen. Kurze Zeit später ist es so weit, dass ich mir am voll besetzten Tresen einer Bar in der Ortsmitte einen Cappuccino besorge, Gebäck und einen Stempel in die Karte, und sicherlich bin ich ein Eindringling inmitten all der Einheimischen. Bei meinem Erscheinen lassen sie von ihren Zeitungen ab, die in großen Buchstaben das wiederholen, was tags zuvor über den Bildschirm in ihrem Rücken geflimmert ist, und es stockt ihr Gespräch für einen kurzen Moment, als sie mir ihre südländischen Gesichter zuwenden. Ich trage mein Geschirr hinaus auf die Terrasse, und erst jetzt wird mir die Kälte der vergangenen Nachtstunden richtig bewusst. Dann hole ich mir nochmals einen Cappuccino und Gebäck, und währenddessen trifft Manuel ein, der sich zum Frühstück Cola mit einem Schuss Rotwein bestellt. Seine Augen umrahmen dunkle Schatten, und ich bin mir nicht sicher, ob er das Schicksal mit der Wahl seines Getränks nicht mehr als nötig herausfordert.

Aber es geht mich ja nichts an, es muss jeder selber nach sich schauen, und ich werde heute genug mit mir zu tun haben, was sich schon kurz nach Sassello dahingehend zeigt, dass mein Hinterrad, was ich erst jetzt merke, fast wieder platt ist. In der Nacht ereignen sich offenbar seltsame Dinge damit, denen ich nicht auf den Grund komme. Für dieses Mal halte ich es für angezeigt, den Schlauch zu wechseln, anstatt ihn wieder aufzupumpen, und somit nicht, wie mein Kollege, das Schicksal unnötig herauszufordern.

Am Vormittag treffe ich ihn wieder an den geschlossenen Schranken eines Bahnübergangs in einem kleinen Provinzdorf im Piemont, Montechiaro Piana, das gerade groß genug ist, um eine Bäckerei am Leben zu erhalten, was ich mir zunutze mache, um mein Italienisch vorzubringen. *Un panino per favore.* Besser jetzt ein ofenfrisches Brötchen in der Lenkertasche einlagern, als später hungern, denn wer weiß schon, ob es auf den kommenden Gebirgsabschnitten noch die Gelegenheit zur Verköstigung geben wird. Manches andere liegt in den Regalen aus, Pasta und Gefäße mit Oliven oder Tomaten, und Käse von italienischen Schafen. Man könnte die Lenkertasche über und über füllen mit lokaler Feinkost, aber ich weiß um die Berge, die uns bevorstehen, und die Erfahrung macht mich vorsichtig und lehrt mich Zurückhaltung, abgesehen davon verbleiben mir noch ein paar Reste vom Vortag, deren Genießbarkeit in der Wärme von Stunde zu Stunde schwindet.

Dann nehme ich wieder mein Rad zur Hand und kaum biege ich ums Eck, steht Manuel da, seit vielen Minuten schon, wie er sagt, denn die Schranken sind unbeweglich, als wären sie verwaist. Trotz dieses Missgeschicks ist seine Laune vortrefflich, wie mir scheint, und es bietet sich an, dass wir uns zusammentun, um uns gemeinsam über die nächsten Berge zu helfen mit Gesprächen, und seien sie meinetwegen anzüglicher Natur.

Aber Manuel kann auch anders und unsere Wortwechsel, wie sie sich nun ergeben, sind unverfänglich und dem Geschehen angemessen. Es geht um die Beschaffenheit der Anstiege, auch hier könnte man zu groben und wüsten Worten greifen, aber nichts dergleichen kommt aus seinem Munde, was beweist, dass er nicht nur beim *Mille du Sud*, sondern auch auf dem Weg der inneren Reinheit ein gutes Stück vorangekommen ist.

Schließlich bleibt er zurück, doch was soll ich mir Sorgen um ihn machen, auch wenn sein Lachen, für das es nie eines großen Anlasses bedarf, zuletzt verstummt war. Es würde sich ohnehin nicht in das ruhige Grün dieser Landschaften fügen, was ihm sicherlich auch sein Feingefühl sagt, weshalb er sich lieber zurückhält, vielleicht auch um seine Lungen zu schonen, die er besser für die Kletterei einsetzt. Überhaupt ist der Vormittag angenehm, wenngleich mit einem Hauch schwüler Luftmassen versetzt, die sich unter der zarten Wolkendecke breitmachen, und die Temperaturen steigen nur langsam. So wird er gewiss die ihm angemessene Geschwindigkeit finden und sich darin einrichten, und es steht außer Frage, dass es keinerlei

Grund zur Sorge gibt, nein, sicher werden wir uns in Bälde wiedersehen.

Roccaverano, Kilometer 442

Tatsächlich sind es nur ein paar Kilometer, bis an einer Wegkreuzung im Niemandsland ein weiteres dieser Schilder am Straßenrand uns mahnt, Einhalt zu gebieten. *Contrôle secret,* Geheimkontrolle. Papou selbst, der Koch, der uns am Vorabend des Starts in der Mehrzweckhalle in Carcès noch aus riesigen Töpfen Couscous mit Gemüse auf den Teller schöpfte, steht hier mit seiner Frau vor dem Wohnmobil, um sich unserer Durchfahrt zu vergewissern. Es ist kurios, ihn hier zu treffen, mitten in italienischen Landschaften, denn er ist Südfranzose durch und durch. Mehr als einmal hatten wir uns über meine in seinen Augen höchst verwerfliche Art, seine köstlichen Fleischstücke links liegen zu lassen, in die Wolle gekriegt, und diesen Disput trägt er bei meinem Anblick mit der Wahl seiner Begrüßungsworte bis nach Italien hinein: *Ah, le végétarien!* Aber wie sollte ich ihm dies übelnehmen, verköstigt er doch gerade den sonnenverbrannten Engländer und den Franzosen, der sich in dessen Schlepptau befindet, damit er für den Engländer die Dolmetscherdienste besorgen möge; und in dieser Konstellation scheinen sie sich vorzüglich zu ergänzen.

Dicke Scheiben Wurst liegen auf den Tellern, doch für mich fällt auch eine Scheibe Käse ab und Papou rechtfertigt sich damit, dass er nun mal Jäger sei, *chasseur*, und er betont es so, als wäre er als solcher auf die Welt gekommen, wie als Franzose oder als Mann von kleinem Wuchs, was er allerdings nie von sich sagen würde. Auf alle Einwände weiß er stets die richtige Entgegnung, und am Ende führt kein Weg daran vorbei, dass man sich von ihm vereinnahmen lässt. Und wenn man sich wieder dazu überwinden kann, aufzustehen und sich von ihm und seiner Frau zu verabschieden, freut man sich bereits darauf, ihn in zwei Tagen in seiner provenzalischen Heimat wiederzusehen, und dankt ihm für den Stempel und die Speise.

Gemeinsam überlegen wir zuletzt noch, wer wohl der Randonneur kurz vor uns gewesen sein mag. Dieser sei hier durchgefahren, so sagt Papou, ohne das Schild, das die Geheimkontrolle ankündigt, wahrzunehmen. Nicht einmal ihn selbst, Papou, habe er bemerkt – auch wenn er sich innerhalb der hohen Kastanien und ebenso neben seinem Wohnmobil wirklich klein ausnimmt, was ich ihm gegenüber aber natürlich niemals zu bedenken geben würde. Mir schwant, dass dies Rufus gewesen sein wird, der es ungemein eilig zu haben scheint, und so teile ich es auch Papou mit, und auf seiner Liste, die er über alle Teilnehmer führt, die noch auf der Strecke verblieben sind, macht er bei dessen Namen einen Haken, und gleich noch einen, denn nun kommt auch Manuel daher, und die Freude steht diesem ins Gesicht geschrieben. Sicherlich ist er hungrig und die vollen Teller und Getränkeflaschen auf dem Tisch sind von weitem zu erkennen.

Der Liste entnehme ich, dass auch der schmale Landsmann auf seinem Singlespeed noch unterwegs sein muss, denn die Kontrolleure halten Kontakt mit Sophie und von ihr kam noch kein Bericht darüber, dass der Hasardeur aus der Zeit oder vom Rad gefallen sei, was mir Respekt abnötigt – aber auch er ist ja erst auf dem Weg zum Col Agnel, und bis zum Gipfel kann noch viel geschehen. Ich räume ihm nicht die geringste Chance ein, und in diesem Wissen begebe ich mich nun endgültig wieder auf die Strecke, die auch in ihrem weiteren Verlauf beschwerlich bleibt.

Es ist ein Auf und Ab in dieser Region, und mir ist es nicht unangenehm, den Weg alleine zu bestreiten, denn so bleibt die Geschwindigkeit ganz mir selbst überlassen. Tatsächlich gelingt es mir nach dieser Pause und der sich anschließenden Talfahrt, einen Rhythmus zu finden, der sich am Profil der Landschaften nicht stört und der meinem Gemütszustand entspricht.

Auch im Piemont wird viel Wein angebaut, und ein Teil der Straße verläuft direkt zwischen den Reben.

Die Blätter stehen in saftigem Grün und verraten, dass an diesen Ranken kräftige Frucht heranwächst, die alsbald geerntet werden wird. Das alles scheint seit langem so abzulaufen, wohl seit Jahrhunderten schon, und den Reisenden durchdringt das Gefühl, dass er hier gut aufgehoben ist und sich Zeit lassen kann bei der Durchreise.

Monforte d'Alba, Kilometer 489

Unweit von Monforte d'Alba, in einem Restaurant, das in der Abfahrt zur Ortsmitte hin unvermittelt auftaucht, nehme ich das Mittagessen ein – ein überschaubarer Teller hausgemachter Gnocchi, den ich im Bemühen, Maß zu halten, verzehre. Die Gefräßigkeit des Randonneurs ist legendär, solange sein Magen mitspielt, und eine solche Portion könnte im Nu spurlos in meinem Schlund verschwinden. Daran würde mich auch die Gesellschaft des Engländers und des Franzosen nicht hindern, die mich bei meiner Vorbeifahrt von der Terrasse aus herbeigewunken hatten. Sie saßen bereits zu Tisch bei Brot und Suppe, und ich ließ mich zunächst zögerlich in ihrem Kreis nieder – sicherlich würden wir ins Plaudern kommen und womöglich schnell die Zeit vergessen. Ich kenne sie seit langem als gesellige und ehrbare Menschen.

Beide arbeiten sich, ebenso wie ich auch, zum fünften Mal am *Mille du Sud* ab, ein gewiss zu hinterfragendes Verdienst, das uns jedoch von allen anderen sieben Milliarden Menschen auf diesem Planeten unterscheidet und ebenso sehr von den zwei Dutzend Menschen an den Nachbartischen, wo aufs Vortrefflichste italienisch gestikuliert und gesprochen wird. Aber danach zu urteilen, wie wir an unseren Tischen hängen, ist dieses Alleinstellungsmerkmal offenkundig kein Anlass zu Überschwang. Der Vormittag in den ligurischen Bergen war eine schwere Prüfung für uns, und wir machen uns Gedanken darüber, wie das noch werden wird, jetzt, wo uns mit dem Col Agnel das Härteste noch bevorsteht. Besser, wir reden vom Essen...

Und so kommen wir darin überein, heute Abend noch vor dem Gipfelsturm eine Einkehr anzustreben, in dem Ort Sampeyre, von dem uns noch achtzig Kilometer trennen. Diese Aussicht ist sehr tröstlich, enthebt uns aber nicht der anstehenden Aufgabe, erst einmal in seine Nähe zu kommen. Der Engländer hat seine Schuhe adrett neben das Tischbein gestellt und seine Socken sind längst nicht mehr weiß, sie haben die Farbe der Straße angenommen, die uns alle beherrscht. Das Einzige, was sich von dieser Straße überhaupt noch ablöst, ist sein Blick, der von Zeit zu Zeit in die Ferne schweift, als sähe er irgendwelche fernen Horizonte, aber das ist Unsinn, von hier aus kann er nicht viel sehen, nur die Wolken, die sich im Westen zusammenballen.

Italien, wie oft diese vier Silben gefallen waren in den vergangenen Tagen! Geschmeidig gehen sie über die Zunge und halb singt man sie, besonders die Franzosen. Italien ist ein Land für Romantiker, doch noch weniger als in der Vergangenheit empfinde ich an diesem Nachmittag großes Verlangen, hier nach den Dingen Ausschau zu halten, nach denen es mir bei Fernweh verlangt – Häuser, Kirchlein, Cafés oder Gärten, die ein friedliches Miteinander und heiteren Gemeinsinn verraten. Und selbst wenn ich mich das eine oder andere Mal zu einem Urlaub zwischen Zitronenbäumen oder Ruinen hinreißen ließ, war mir stets manches zu aufgedonnert. Die Frauen, die Männer, selbst die Rennradfahrer sind hier von einem anderen Schlag als woanders. Doch es gibt auch die Italiener beim *Mille du Sud* und ihre gute Laune und Sorglosigkeit schaffen es, mich stets aufs Neue mitzureißen und für sie einzunehmen, so dass ich gestern Abend guter Dinge über die Grenze fuhr. Aber hier nun, rund um Fossano, um das wir auf unserem Rückweg nach Westen nicht umhinkommen, fehlt mir alles, die gute Laune, das Romantische, die Ruinen, selbst das Aufgedonnerte – nur Autos und Lastwagen bleiben übrig und der graue Himmel.

Es geht keineswegs so flüssig voran, wie ich erwartet hatte, die Stunden im Piemont werden mir lang: Auch mit dem Engländer und dem Franzosen will es nicht passen in der Geschwindigkeit, so dass ich die erstbeste Gelegenheit nutze, um die beiden ziehen zu lassen und meiner eigenen Wege zu gehen. Aber auch so wird es nicht einfacher, denn der Wind kommt von vorn, und das sind keine guten Vorzeichen für den Abend, der auf mich wartet.

Sampeyre, Kilometer 566

Bis ich schließlich in Sampeyre ankomme, ist der Tag weit fortgeschritten und viel schlechter Asphalt liegt hinter mir mit vielen miserablen und respektlosen Autofahrern darauf, das scheint für diese Gegend bezeichnend zu sein. So hat jede Gegend ihre Eigenarten und man muss sie nehmen, wie sie kommen, ebenso wie ich das Obst genommen habe, das mir die Frau an einem Stand auf freier Strecke neben den Obstplantagen umsonst überlassen hatte, Nektarinen und Birnen. Ich war entzückt von der süßen Frische der Früchte, und froh, dass diese Gegend noch mehr zu bieten hat als diese elende Straße, die uns geradewegs zum Pass und damit zur Grenze nach Frankreich führt – zuerst aber nach Sampeyre, wo es nochmals eines Nachweises im Stempelheft bedarf, den ich aber vergesse, weil ich mich ganz der geplanten Einkehr verschrieben habe.

Die Restaurants scheinen allerdings um 18 Uhr noch geschlossen zu haben und auch meine beiden Kollegen habe ich seit Stunden nicht mehr gesehen, wo mögen sie nur stecken? Überhaupt habe ich den ganzen Nachmittag keinen mehr von uns gesehen und ich frage mich, ob die ganze Sache nicht abgeblasen wurde oder ob es vielleicht nur ein Scherz gewesen war, dass wir über den Col Agnel fahren würden, und alle wussten darum, nur ich nicht, und nun fahre ich ganz allein in die schwarze Wolkenbank, die über den Bergwänden im Westen hängt, und dies, ohne vorher gegessen zu haben…

Mit diesen schweren Gedanken verlasse ich Sampeyre, doch zum Glück fällt mir bald ein, dass der Stempel noch aussteht, und über die darüber vergangene Zeit ist es fast schon so weit, dass das einzig offene Restaurant an dem Platz, zu dem ich zurückfahre, den Ofen anwirft. Das Ganze aber würde mir dennoch zu lange dauern, so dass ich darauf vertraue, auch in höheren Regionen noch Essbares zu bekommen, was mir von einer Passantin am Wegesrand bestätigt wird, die ich in dieser Sache um Rat frage, und sich fünfzehn Kilometer bergwärts auch bewahrheitet. Nach längerem Suchen finde ich eine Pizzeria in Pontechianale, am Ende des Lago di Castello, der sich links der Straße eisgrau hinzieht und trotz der einsetzenden Fallwinde wie erstarrt wirkt. Aber auch hier ist von meinen Mitfahrern nichts zu sehen, und das schlägt mir auf die Stimmung. Viel hätte ich gegeben für die Gesellschaft dieser radfahrenden Glücksritter und Schandmäuler, die es vortrefflich verstehen, gerade in den schwierigen Phasen den Ernst der Lage bestens zu verschleiern.

Die anderen in der Gaststätte Anwesenden sprechen deutsch, Wohnmobilkutscher und Wanderer, die sich über die Tische hinweg in regem Austausch hinsichtlich ihrer Erfahrungen befinden. Aber ihre Erfahrungen sind nicht von der Art, dass mir damit geholfen wäre. Die Sorge vor der bevorstehenden Überquerung treibt mich um, denn bereits jetzt, auf sechzehnhundert Metern, ist es frostig draußen. Wie soll man das überstehen, wo es doch noch einmal tausend Meter höher in den Nachthimmel hineingeht?

Wir hatten eingewilligt, uns dem Gang der Dinge zu überlassen, hatten uns für den *Mille du Sud* freiwillig gemeldet, niemand hatte uns gezwungen, unseren Alltag zurückzulassen für diese wahnwitzige Idee, zur Unzeit den Col Agnel zu erklimmen, mit 600 Kilometern in den Beinen seit gestern früh, schutzlos wie zu biblischen Zeiten. Nein, nicht schutzlos, wir haben ja unsere Räder für die Flucht zurück nach Italien, wenn sich der Weg zum Gipfel als unmöglich herausstellen sollte. Denn wer garantiert uns, dass es oben nicht regnet oder schneit? Alles ist an diesem Abend möglich, und ich bin froh, dass die Pizza von vorzüglicher Qualität war – ein gutes Omen hoffentlich, so kann ich die Tür der Gastwirtschaft leichter hinter mir zuziehen.

Schnell wird klar, dass das lange Unterhemd, das ich mir auf der Toilette angezogen habe, nicht ausreicht, um der Kälte zu trotzen. Ungeachtet dessen lasse ich die Regenjacke noch in der Tasche, denn es ist gut zu wissen, dass noch ein Kleidungsstück für den Notfall übrig ist. Auch auf die langen Handschuhe verzichte ich noch, so bekommen meine bloßen Hände den weich umwickelten Lenker zu fassen und dirigieren das Rad zurück auf die Straße, die noch ein Stück leicht ansteigend verläuft, bis Chianale, der letzten menschlichen Siedlung in diesem Teil der Welt, und bis dahin wiege ich mich noch in Sicherheit. Dann führt die Straße in die Steilwand hinein, bis zur Passhöhe bleiben noch zehn Kilometer und tausend Höhenmeter, ein Verhältnis, das jegliches menschliche Bedürfnis nach Harmonie verhöhnt: Es gibt hier keinen Rhythmus mehr im Treten, nur ein Reißen und Pressen. Solange es geht, fährt man im Stehen, dann wieder lässt man sich in den Sattel zurücksinken, und die Schmerzen am Gesäß, die schon am Vormittag aufgetreten sind, werden wieder wachgerufen.

Aber diese Schmerzen, die dem Körper entspringen, sind nur nachgeordnet: Was wirklich wehtut, ist der Eindruck, auf der Stelle zu treten, die Ohnmacht, die einen überfällt und rasend macht. In meiner Fantasie stelle ich mir vor, was nun wäre, wenn Schneefall einsetzen würde: Ein unbedachter Augenblick, und schon würde ich mit meiner gesamten Fuhre talwärts rutschen, ohne Halt, tief hinunter, dorthinab, wo nun plötzlich weitere Scheinwerfer irrlichternd ihre Schneisen durch die Nacht schlagen. In diesen fürchterlichen Momenten fühle ich mich dem Heldentum so nahe wie selten, einem sinnlosen Heldentum, denn niemand weiß davon, nicht einmal die, die mir dort unten folgen, und niemandem ist damit gedient, nichts wendet sich damit in der Welt zum Guten, alles bleibt so, wie es ist, und um mich herum bleibt diese entsetzliche nächtliche Leere, gerade so als wäre aller Geist aus den Landschaften gewichen. Da kann man noch so viel erzählen von der Schönheit der Bergwelten: Es gibt Stunden, da sind sie seelenlos, und hätte man sich nicht dermaßen in den Kampf gegen diesen Berg verbissen, könnte man es mit der Angst zu tun bekommen.

Jede Langstrecke, so reden wir uns gerne ein, hinterlässt ihren Abdruck und lehrt uns etwas fürs Leben – gelten wir nicht auf Gebieten wie Schlafentzug oder Willensstärke als erprobt und mit allen Wassern gewaschen, vielleicht auch auf dem Gebiet der Kameradschaft, manche auch auf dem Gebiet der Trinkfreudigkeit? Ebenso verheißt auch diese pechschwarze Stunde ihre Lehren: die Erfahrung der Demut, besser ließe es sich nicht sagen, und bei diesem Gedanken würde Manuel sich schütteln vor Lachen, wenn er davon zu hören bekäme. Bestimmt wird er sich an diesem Berg nicht so kläglich aufführen wie ich, dessen Stolz, der dem Anfang dieses Unternehmens innewohnte, verpufft ist wie die Luft aus einem Reifen – und was das betrifft, weiß ich wohl, wovon ich rede.

Wie dünkelhaft will mir nun die Vorstellung erscheinen, dass wir am Tag zuvor erhobenen Hauptes durch die schmucken Dörfer rollten, verwegen vielleicht, aber nur deswegen, weil wir das Wagnis auf uns genommen hatten, den *Mille du Sud* zu bestreiten. Das allein will jedoch nichts besagen, so viel lässt sich hier oben auf zweieinhalbtausend Metern feststellen, jetzt, wo sich das Blatt gewendet hat und ich vom Rad steigen muss, weil es so nicht weitergeht. Dieser Col Agnel zu nächtlicher Stunde ist wie geschaffen dafür, dem Unerschrockenen, der sich hierher wagt, zu zeigen, wie schnell die Maske der Verwegenheit vom Gesicht rutscht und ein Häufchen Elend übrig bleibt, das nicht weiß, ob die Tränen, die in ihm aufzusteigen drohen, aus der Wut kommen oder aus der Verzweiflung. Aber vielleicht sind es auch nur vereinzelte Regentropfen, die ihm ins Gesicht klatschen – wer wollte all dies schon so genau wissen?

Es gibt nichts zu urteilen und nichts zu richten, und in diesem Punkt, wo nichts anderes zählt, als die Kapitulation hinauszuschieben, ist alles, was hier geschieht, außerordentlich. Wenn es im Ganzen allein darum ginge, diese Lektion zu lernen, so wäre ich hier genau zur richtigen Zeit am richtigen Ort, einem Ort, der über Stunden derselbe zu sein scheint und sich allenfalls darin unterscheidet, dass die eine Kehre nach links verläuft und die nächste nach rechts, während mir der Wind in einem fort von oben ins Gesicht bläst. Und völlig belanglos ist meine aufkommende Gewissheit, dass auch Manuel oder die anderen diesen Abschnitt nicht mit Bravour bewältigen werden – kennt nicht jeder seine dunklen Stunden auf dem Rad wie im Leben? Und wenn sie auch die Geschichten, die hinterher kursieren werden, von solchen Kläglichkeiten bereinigen, so bleibt jedenfalls ein Respekt zurück, der bestimmt auch diesem Berg zuteilwerden wird und der bei aller Leichtfertigkeit des Redens, davon bin ich überzeugt, nicht zu überhören sein wird, wenn man nur die Ohren spitzt.

Um zehn Uhr abends taucht statt des Gipfels unvermutet eine Sennerei auf, inmitten des ansteigenden Gerölls, hell beleuchtet, und ich denke, dies ist gar nicht möglich, wo bekämen die auf diesem verlassenen Planeten überhaupt den Strom her? Und die Menschen, woher kommen die Menschen, die sich hier aufzuhalten scheinen, mitten im Licht? Hier kann es gar keine Lebewesen geben außer den Trauergestalten, die sich zusammen mit mir ihren Weg durch die Wildnis des Gebirges und der Nacht schlagen, das alles kann gar nicht sein, und trotzdem ist dieses Licht da und diese Berghütte, einen Steinwurf entfernt vom Weg, zu meiner Linken, und diese Erscheinung ist keiner Halluzination geschuldet, was in der zweiten Nacht auf dem Rad ja nichts Ungewöhnliches wäre: Es ist die Realität, mit der ich nun überhaupt nicht klarkomme.

Die letzten Kehren bin ich zu Fuß hochgestolpert, nachdem mein Tempo auf dem Rad genauso langsam war, dort wo die Kurven fürchterlich steil waren und der Wind mich ins Wanken brachte. Alles in mir schreit danach, in die Hütte einzudringen. *Gebt mir Schutz, ich kann nicht mehr, per favore!* Und sicherlich würden die Menschen Erbarmen mit mir haben und ihre Gastfreundschaft würde mich erlösen; sie reichten mir in einer abgegriffenen Tasse, die schon durch die Finger von Generationen von Sennern und Eremiten gegangen ist, heißen Tee oder Glühwein, vielleicht auch ein Stück Käse, und ich würde vor Glück vom Stuhl rutschen und auf dem harten Steinboden in einen tiefen Schlaf versinken. Aber kein Lebender ist zu sehen, es herrscht Totenstille, trotz des grellen Lichts, und ich mache keinen einzigen Schritt auf die Sennerei zu, nicht einen.

Die Wärme hinter den Fenstern ist nicht meine Wärme, ich bin der Fremde, der draußen bleiben wird, frieren wird, der an diesem elenden Berg krepieren wird. Der Randonneur ist in seinen schweren Stunden nicht für die menschliche Gesellschaft geeignet, die im Licht wohnt, runtergekommen wie er ist, ein Vasall der Dunkelheit. Er fährt und er stolpert weiter nach oben, bis er sein Ziel erreicht hat.

Col Agnel, Kilometer 598

Nichts rührt sich in mir, als ich um 22.25 Uhr vom Rad steige, direkt vor dem mannshohen Grenzstein, der hier Italien von Frankreich trennt. Es ist eisig um mich herum und in mir, und ich kenne das aus anderen Zeiten, diese Empfindung, und weiß, dass ich hier nicht lange bleiben werde.

Der Wind faucht wild über die Kante, ein Grad über Null habe es, werden die erzählen, die mir nachfolgen. Nein, ich bin nicht erleichtert, will nur weg hier, aber ein Foto mache ich trotzdem von der Passhöhe, unbeholfen, mit eisigen Fingern, alles geht entsetzlich langsam, bis man nur die Jacke aus der Tasche gezerrt und übergestreift hat. Dann schiebe ich mir die dünne Aluminiummatte unters Trikot, die ich als Unterlage für den Schlaf im Freien verwende, und mein Rad fällt um und Kleinkram aus meiner Lenkertasche, den ich im Dunkeln wieder zusammensuchen muss, und ich schreie meine Flüche in den schwarzen Himmel, der so dicht und bedrohlich über mir hängt. Diese Kälte zwingt dazu, alles, was als Wärmeschutz dienen kann, anzuziehen: Über die Radmütze stülpe ich ein Tuch, meine kurzen Radhandschuhe zwänge ich über die langen Fingerhandschuhe, Armlinge und Knielinge bedecken notdürftig die Extremitäten; viel verbleibt nicht in meinen Taschen, und trotz dieser ganzen Maßnahmen friere ich, und kaum kommt mein Rad wieder ins Rollen, zittere ich am ganzen Leib.

Ich weiß wirklich nicht, wie ich diese Abfahrt überleben soll: Ich bin hier auf 2744 Metern und bis zum ersten Punkt, wo es überhaupt möglich ist, anzuhalten, wird ewig viel Zeit vergehen. Und wie soll ich mich vor der Müdigkeit schützen, die mich nun plötzlich packt und gemeinsame Sache macht mit meinem bebenden Leib und mich immer wieder in die Fahrbahnmitte treibt? Besser zur Mitte hin als an den Abgrund, zweifellos, aber so kann man nicht fahren, so nicht, doch ich kann hier ja auch nicht einfach absteigen in dieser Wüste… Mir fallen meine Augen zu und schnell reiße ich sie wieder auf: Diese lähmende Kälte bringt mich um den Verstand. Mein Rad schlägt aus nach allen Richtungen, ich will nur hinunter, dorthinab, wo es Menschen gibt und Siedlungen, irgendwo dort unten eine Bushaltestelle finden, wo ich überwintern kann. Aber tausend Höhenmeter bergab können zur Tortur werden, und zu beiden Seiten sehe ich nichts als Geröll, das durch den Lichtkegel zuckt, alles ist tot hier, nur ich bin am Leben, auch so könnte die Hölle aussehen, wenn man sie beschreiben wollte.

Es geht weiter. Es geht immer weiter, solange die bleischweren Lider nicht das Ende heraufbeschwören. Im Schädel hämmert es: *Wach bleiben! Wach bleiben!*, aber was ist diese Mahnung schon im Vergleich zu jener Verlockung, wenigstens für zwei, drei Sekunden die Augen zu schließen und in diese vermeintlich wohlige Welt einzutauchen, aus der ich von einem Wimpernschlag zum nächsten mit zerfetzten Gliedmaßen wieder aufwachen könnte.

Herrenlos rast in diesen Momenten der Schwäche mein Fahrzeug samt seiner zitternden Fracht in die Tiefe. So reiht sich Sekunde an Sekunde in diesem menschenfeindlichen Revier, tausendfach, und das alles will kein Ende nehmen. Mein starrer Blick versucht wie im Wahn das Dunkel zu durchdringen, aber nirgendwo sehe ich Anzeichen menschlicher Siedlungen, jedenfalls nichts, was mir zur Hilfe käme. Nie habe ich in meinem Leben so gefroren, und dennoch bleibt mir keine Wahl: Ich muss weiter talwärts.

Dann endlich finde ich eine Bushaltestelle, fast schon bin ich vorbeigefahren, das wäre das Schlimmste gewesen, was mir heute Nacht hätte passieren können. Ich sehe sie im letzten Augenblick und kann gerade noch an den Bremsen reißen. Auf 1300 Metern Höhe bringe ich mein Rad schließlich zum Stehen und noch immer ist es eisig, aber ich bin in Sicherheit, in Sicherheit. Als ich im Schlafsack liege und die Wärme allmählich zurückkehrt, kommt mit ihr dieses merkwürdige Gefühl über mich, dass wohl alles seine Richtigkeit haben wird, aber bis es mich ganz durchdrungen hat, bin ich bereits eingeschlafen.

Tag 3, Freitag

Haute-Provence

La Chapelue, Kilometer 630

Als ich meine Augenlider wieder öffne, kommt mir das Gewesene zurück ins Gedächtnis, und ich wünschte, ich hätte den Weckton endlich geändert, denn das durchdringende Geräusch geht mir durch Mark und Bein. Mein ganzer Organismus sträubt sich dagegen, den Schlafsack zu öffnen, aber hier auf der schmalen Bank wird es auch nicht besser werden, die Knochen schmerzen vom Liegen, also zerre ich am Reißverschluss und die Kälte der Nacht empfängt mich aufs Neue. Es ist ja auch erst Viertel vor drei, da kann man in dieser Höhe nicht mehr erwarten.

Der Gedanke kommt auf, wie all das zusammenpasst, weil der *Mille du Sud* doch immer wie ein Epos gewesen war, so erhaben, und nun liege ich da wie eine erlegte Ratte und werde mich fragen müssen, wie sich das zu einer Geschichte fügt: all die Ereignisse der letzten Stunden, der Col Agnel, der mir so zugesetzt hat. War es denn die anderen Male auch so, dass ich derart gelitten habe und erst im Nachhinein ein Epos entstanden ist? Ja, so wird es bestimmt gewesen sein, was weiß ich denn, im Grunde verstehe ich überhaupt nichts von diesen Dingen, das Gedächtnis spielt mir immer wieder Streiche, ich werde nie ein brauchbarer Geschichtenerzähler werden, aber das tut wenig zur Sache, ich habe es überstanden und das ist das Wesentliche. Und vielleicht ist es ja genau das, worauf es ankommt: das Ganze zu überstehen und die bleichen Bilder, mit denen wir an den Fuß dieses Ungetüms aus Fels, Geröll und nackter Erde gereist sind, mit Farbe zu füllen, auch wenn die Farben nur aus Blau und Schwarz und dem grellen Strahl der Scheinwerfer bestehen. Ich kann sagen, ich habe in diesem düsteren Bild gelebt und geatmet und diese Nacht überstanden, und dies werde ich weitertragen und damit diesem Berg ein Stück von meinem Leben überlassen, der ohne unsere Erzählungen nichts wäre als ein toter Klumpen, ein Zacken im Höhenprofil, ein geschlängeltes Band auf der Landkarte.

Ich muss weiter, der dritte Tag ist der Tag der Ankunft, auch wenn noch 350 Kilometer verbleiben und wir bis tief in die nächste Nacht hinein fahren werden. Also rolle ich auf menschenleeren Straßen talwärts bis Guillestre, und dort, am Busbahnhof, sehe ich im Vorbeifahren den Warteraum hell erleuchtet und ein halbes Dutzend Fahrräder davor und auf den Bänken liegen wohl ebenso viele Fahrer, die sich hier von den Strapazen erholen, so viel kann ich durch die großen Fenster erkennen. Aber ihre vom Licht abgewandten Gesichter sehe ich nicht und es widerstrebt mir anzuhalten.

Mein Weg führt mich wieder in die frostige Nacht hinein und noch lange bin ich unterwegs, bis ich plötzlich von hinten angesprochen werde. Es ist Rufus, der zu mir gestoßen ist, er scheint mir wohlbehalten, ein Glück, und ich bin erleichtert, wieder in Gesellschaft zu sein, obwohl ich, geblendet von seiner Stirnlampe, sein Gesicht nicht einmal sehen kann. Gemeinsam fahren wir schweigend bis Embrun und hoffen auf eine offene Bäckerei, aber es ist erst fünf Uhr, alles Suchen in den menschenleeren Gassen nützt nichts. Wohl sehen wir einen Bäcker im hinteren Teil seiner Backstube in sein Werk vertieft, doch ein Frühstück versprechen wir uns davon nicht, so dass wir Embrun unverrichteter Dinge hinter uns lassen, und wieder geht es in die Berge, aber was können die uns jetzt noch anhaben?

In den Steigungen verlieren wir uns wieder, sie sind steil, viel steiler, als ich erwartet habe, und ich habe nicht mehr die Kraft, die notwendig wäre, um mit Anstand hochzukommen. Stattdessen beuge ich mich mit baumelndem Oberkörper tief über den Lenker, während das rote Rücklicht meines Begleiters in der Nacht entschwindet, aber noch ist es dunkel und niemand kreuzt meinen Weg. Und auch als ich mich im Gebüsch für den Tag frisch mache – was eine schöne

Umschreibung ist –, bleibe ich ungestört. Trotzdem ist es gut, Rufus im Abstand vor mir zu wissen, so werden wir uns später wohl nochmals sehen.

Ich ahne den neuen Morgen, aber er hat keine Eile, er lässt auf sich warten, da hilft kein Gemache, da kann man die verwinkelten Straßen schnell angehen oder langsam. In den Hügeln, über die sie führen, stellt sich diese Alternative nicht mehr. Der Schwung ist weg und allenfalls für später ist eine Rekonvaleszenz zu erhoffen, wenn die Sonnenstrahlen wieder ihre Reise antreten hin zu diesem fruchtbaren Landstrich, der nun im Schwarz ertrunken ist.

Noch aber steckt mir die Nacht in den Knochen und macht keine Anstalten, sich zurückzuziehen, und so kommt mir jede Abwechslung recht: die nachtgrauen Häuserzeilen, die ich bisweilen durchfahre, lautlose Orte, die im matten Gelb der wenigen Straßenlaternen vor sich hin dämmern und ohne eigene Identität eingewoben sind in dieses einsame Hinterland, das Singen der Vögel. Sie immerhin rühren sich bereits, und man fragt sich, was sie zu dieser Stunde überhaupt mit sich anzufangen wissen. Genauso gut könnten sie ihren Gesang auf später verschieben, die Balz ist längst vorbei. Und auch ich könnte mich nochmals hinlegen, doch das Gelände ist feucht, davon zeugt auch das Gluckern der Wildbäche, die ich auf schmalen Brücken überquere.

Nach einer von ihnen leuchtet ein rotes Blinklicht und auch hier bin ich froh über die Abwechslung. Es ist eine Geheimkontrolle, eine weitere in diesem unwirtlichen Land, und ein einsamer Mensch sitzt vor seinem Campingbus, in eine Decke gehüllt. Auch er hat die Nacht mit nur wenig Schlaf hinter sich gebracht und friert, und neben ihm sitzt mein alter Weggefährte und wundert sich, wie ich so lange brauchen konnte bis hierher. Aber wie soll ich ihm eine passende Antwort geben, es ging nicht schneller, so einfach ist das. Doch er hat nun lange genug gewartet und weiß, dass er sich nicht weiter sorgen muss. Überhaupt hat sich jeder um sich selbst zu kümmern, und so macht er sich wieder auf den Weg hinein ins erste Licht.

Der Eremit bietet mir aus einer zerkratzten Thermoskanne Kaffee an und ich bin dankbar dafür. Ein warmes Getränk, das ist ein Zeichen der Menschlichkeit, von der ich mich am vergangenen Abend verabschiedet habe, und hier treffe ich sie wieder, an diesem ausgestorbenen Ort. Eine Unterhaltung kommt in Gang, und der Eremit erzählt mir, dass auch er bereits am *Mille du Sud* teilgenommen hat, aber ich kann mich an sein Gesicht nicht erinnern, das wird wohl an meinem Zustand liegen. Auch seine Stimme kommt mir nicht bekannt vor, und mit dieser Stimme, die sehr müde klingt, erzählt er, dass er diesen Sommer von

Belgien in die Türkei mit dem Rad gefahren sei, viertausend Kilometer in zwei Wochen, und nun sei er zu zerschlagen für den *Mille du Sud*. Das kann man ihm beileibe nicht verdenken. Die Erschöpfung nach solchen Touren ist beharrlich, und es ist schon erstaunlich genug, dass er diese Nacht für mich durchgehalten hat und für die anderen, die vor oder nach mir hier vorbeikommen – viele sind es nicht, die mir voraus sind, das bringe ich in Erfahrung.

Auch wenn bei meinem Gegenüber zur Stunde nichts von diesem Feuer zu spüren ist: Wer sich hier die Nacht um die Ohren schlägt, muss für unsere Sache in gleichem Maße brennen wie Sophie, die nun wieder nach Carcès zurückgekehrt sein wird in Erwartung der ersten Fahrer. Doch ist etwa mir noch etwas davon anzumerken, von diesem Feuer, das ich mir von Anfang an – seit meinem ersten *Mille du Sud* – zugutehalten konnte? Die Gegenwart ist übermächtig wie ein Erdrutsch, der niedergegangen ist und alles wegreißt, was vor mir und hinter mir liegt, und vielleicht ist mein Feuer darunter auch bereits erloschen, wie sollte ich dies ergründen um sechs Uhr in der Frühe? Ich lasse mir gerne noch einen Teller Suppe reichen, auch diese Wärme kommt mir gelegen, und dann wechseln wir noch ein paar Sätze und er zurrt die Decke wieder fest um sich – wer weiß, wann die Nächsten kommen.

Beim Gedanken ans Aufstehen merke ich, wie erschöpft ich bin, der *Mille du Sud* ist kein Marionettenspiel, wo es reicht zu warten, bis der Regisseur behutsam an den entsprechenden Fäden zieht und mich von der Schwerkraft befreit. Wie schön das wäre: Die Schnüre würden mich am Schweben halten und es wäre kein großes Ding, aus dem Campingstuhl herauszukommen und die ersten Schritte auf dem feuchten Kies zu machen, und so angeleint würde ich mich mühelos hinunterbücken zum Rad, das ich neben den Bus ins Gras gelegt habe, und meine Fuhre aufrichten und ebenso meinen Oberkörper, und fast spielerisch würde ich das Bein über den Sattel werfen, wenn da jemand wäre, der mich in all dem unterstützte. Aber nein, kein Marionettenspiel ist hier geboten, an das man sich im anderen Leben ja zwischenzeitlich gewöhnt hat, und ebenso an die Schnüre, in denen man sich von Zeit zu Zeit verheddert bis zum Ersticken, im Tausch gegen die allgegenwärtige Bequemlichkeit, die uns vorgaukelt, die Sache mit der Schwerkraft wäre nichts Ernstes, aber das ist sie, letzten Abend ist sie mir in die Glieder gefahren und sie steckt noch immer drin.

Genau genommen ist dies ein altes Leiden von mir, dass mich die Last der Dinge immer schon nach unten zog, bis mir mein Ausgeliefertsein schließlich unerträglich wurde. Wem wollte man daraus einen

Vorwurf machen, wenn er – was mir nie gelingen wollte – das Leben auf die leichte Schulter nimmt und sich von den Annehmlichkeiten hinwegtäuschen lässt über diese Schwerkraft, die in allem steckt? Um sie wahrzunehmen, brauchte ich keinen einzigen Höhenmeter zu bewältigen auf dem Rad. Wer aber darum weiß, kann von Glück sagen, wenn er sich eingewoben findet in Geschichten und Erzählungen, die ihn tragen und stützen. Denn so hat er, wenn diese Schwerkraft wieder übermächtig wird und unausweichlich, ihr mehr entgegenzusetzen als die eigene Haltlosigkeit im Angesicht des Abgrunds, der sich vor einem auftut. Zuzeiten war er mir ein verlässlicher Bekannter, und viel hätte ich darum gegeben, ihn mir vom Halse zu halten. Aber lange dauert es, bis ein solches Halt gebendes Netz, einmal begonnen – falls überhaupt je begonnen – zu tragen beginnt und man sich traut, dem Abgrund ins Gesicht zu blicken. Doch so und nicht anders kam es – mit dem Gedeihen dieser Geschichten –, dass mein vergebliches Streben, mich mit der vermeintlichen Leichtigkeit der Dinge anzufreunden, nachließ, während gleichzeitig mein Groll gegenüber all jenen, denen dies zu glücken schien, schwand.

Hier, in dieser Einöde, da greift kein Schwindel und keine Täuschung, man klebt mit seinem schweren Körper im Stuhl fest, mumifiziert von dieser ausgekühlten Patina aus Schweiß, Dreck und Staub, die mich wie eine Kruste überzieht, so dass jede Bewegung ein Knirschen und Bröseln nach sich ziehen könnte. Am liebsten möchte man sich überhaupt nicht mehr rühren, und trotzdem drücke ich mich entschlossen aus dem Campingstuhl heraus und spüre meine Muskulatur, die schmerzt, und der Eremit schaut mir bei meinem Kampf gegen diese Lähmung wortlos zu. Er wird um mein Befinden wissen, und vielleicht sind dies für ihn die Momente, wo er zufrieden ist mit seinem Los und es ihm nicht danach verlangt, selbst mit von der Partie zu sein. Wir verabschieden uns mit knappen Worten, ich versuche wieder einen Tritt zu finden, der mit meinen Kräften im Einklang steht, während er seinen Hut tief in die Stirn zieht und mutmaßlich seine Augen schließt, um bis zum Eintreffen der Nächsten noch ein paar Minuten vor sich hin zu dämmern.

Chorges, Kilometer 687

Als es schließlich Tag wird, fällt mein Blick auf den tief unter mir liegenden Lac de Serre-Ponçon. Eine weiße Wolkendecke hängt knapp über dem See, der mir aus heißeren Tagen vertraut ist, und ich frage mich, was aus dem Leben geworden sein mag, das hier im Sommer aufblüht, nun, gerade mal eine Woche nach der Ferienzeit. Die noch verbliebenen Urlauber werden sich in Kürze fröstelnd auf die Terrassen setzen, den Kaffeebecher in den Händen, um sich zu wärmen. *Sicher reißt der Nebel heute noch auf*, werden sie hoffen und über den grauen See blicken, und sie werden sich dadurch nicht aus der Ruhe bringen lassen und man kann ihnen nur beipflichten, wenn man von hier oben auf die dünne Nebelschicht über dem Tal starrt. Doch auch weit über mir ziehen Wolkenschleier über den blauen Morgenhimmel, die verhindern, dass die Wärme des ersten Tages zurückkehrt. Die Kälte macht mich wieder müde, und so lege ich mich um sieben Uhr ein paar Kilometer weiter, am Ortseingang von Chorges, auf eine Parkbank und für eine kurze Ewigkeit falle ich in einen Tiefschlaf. Weder die Aussicht auf ein offenes Café im Ortskern kann mich davon abbringen, noch die Rentner, die ihre Hunde auf dem Rasenstück spazieren führen, und auch nicht der Berufsverkehr auf der angrenzenden Straße, und die kurze Ewigkeit dauert ganze fünf Minuten.

Dann reißt man die Augen wieder auf. Es ist ein kleiner Gewaltakt, sie zu öffnen, denn wie viel lieber bliebe man liegen in diesem Zwischenraum von Schlaf und Wachzustand, besonders dann, wenn man nur wenig geschlafen hat und die Glieder noch nicht schmerzen vom harten Holz der Bank, vom kalten Stein des Bodens oder dem feuchten Gras oder Sand, worauf man sich bisweilen ebenso zur Ruhe bettet – aber auch da hat jeder seine Vorlieben, wenn ihm die Wahl gegeben ist. Wie gerne bliebe man noch in dieser Erstarrung, beschwerdefrei, den kostbaren Moment unter freiem Himmel in seiner ganzen Fülle genießend?

Widerstrebend und erst allmählich kommt man wieder ins Geschehen zurück, das einen zusammen mit der Kühle des Morgens anspringt. Aber noch ehe man sich der Tatsache versichert, dass einem das Rad weiterhin zur Seite steht, taucht in einem flüchtigen Aufblitzen eine Ahnung auf, die im gleichen Maße Ahnungslosigkeit ist: Wie komme ich hierher? Und ebenso blitzartig wischt man diesen Gedanken wieder beiseite. Dies ist nicht der rechte Moment, sich dem Gewesenen zuzuwenden, gilt es doch, die verquollenen Augen offen zu halten und dem neuen Tag ins Gesicht zu sehen, der vielleicht nur fünf Minuten vom alten Tag entfernt ist, fünf kostbare Minuten, die diese ganze weite Reise in sich tragen: Wie komme ich eigentlich hierher?

Wie komme ich eigentlich hierher?

Wir werden ja sehen! Waren so nicht auch damals meine Worte, oder vielleicht hatte ich es auch nur gedacht... Ja, gedacht ganz bestimmt, denn bis in jene Zeit hinein war ich ein Herumtreiber, der gelernt hatte, stets auf der Hut zu sein, eigenbrötlerisch und verstockt, und der zur Überzeugung gekommen war, dass sich die Gegebenheiten ihm zu fügen hatten und nicht andersherum. Aber das liegt viele Jahre zurück und ich muss schon weit zurückrudern in meiner Erinnerung, um hier noch Bedeutungsvolles vorzufinden. Fest jedenfalls steht, dass es mehr als bemerkenswert ist, was da in mir vorgegangen war, als ich mich allen Ernstes mit dem Plan auseinandersetzte, eine Radtour in die Provence zu unternehmen – etwas Ungeheuerliches für einen eingeschworenen Taxifahrer und exmatrikulierten Gelegenheitsarbeiter. Wie gerade mir ein solches Vorhaben in den Sinn kam, wird mir ein Rätsel bleiben. Aber sicher ist, dass ich frisch verliebt war, und daran kann man sehen, wie sehr einem solche Gefühle zusetzen können, so dass man tatsächlich glaubt, es seien einem quasi über Nacht Flügel gewachsen – noch dazu im Frühling – und alles warte nur darauf, von einem erobert zu werden.

Und so warf ich dem Süden meinen Fehdehandschuh hin: *Wollen wir doch mal sehen!* Aber auf diese Weise konnte das nicht gutgehen, und so wurde auch diese Reise, wie so vieles, was ich bis dahin unternommen hatte, zu einem Fiasko. Wie hätte ich es besser wissen sollen? Ich war ja unerfahren, auch wenn dies genau genommen nicht meine erste Tour war. Nein, es war bereits das zweite Mal, dass ich versucht hatte, aus eigener Kraft per Fahrrad zu verreisen, und es verlief noch unglücklicher als bei meinem ersten Versuch. Aber da war ich noch so jung gewesen, fünfzehn erst, dass mich ums Haar die Polizei geschnappt hätte, was vielleicht auch besser gewesen wäre, obwohl auch das nichts geändert hätte an den Umständen, und bis weit ins Erwachsenenalter hinein blieb diese erste Radtour meine letzte, ohne dass es Gründe dafür gegeben hätte, war ich doch nach ein paar Tagen unversehrt zurück.

Mit fünfzehn glaubte ich noch, es wäre Abenteuerlust gewesen, die mich so früh fortgetrieben hatte, aber da war auch ein Unbehagen, das in mir keimte, wie es der Fall ist, wenn man sich fehl am Platz fühlt. Im Dorf gaben die Bauernsöhne den Ton an und sie konnten hochmütig sein und ihre Späße waren von einer derben Art. Wenn sie am Wirtshaustisch erzählten, schwang stets der Stolz aufs Eigene mit, und man hatte nicht viel zu lachen, wenn man nicht aus ihren Reihen kam, oder gerade so viel, wie es zu ihrer eigenen

Belustigung beitrug. Bisweilen machte ich mich durchaus selbst zum Narren, und später half der Rausch dabei: So wurde wenigstens hinter meinem Rücken über mich geredet und ich wurde ein Teil ihrer Geschichten und hatte eine Existenzberechtigung.

Ich war es gewohnt, mit diesen Kerlen Umgang zu pflegen, und kannte es nicht anders und hätte mich jemand dazu befragt, ich hätte nichts Schlechtes zu sagen vermocht. Aber nie hatte mich jemand danach gefragt, weil zu jener Zeit keinem von denen, mit denen ich zu tun hatte, Fragen von solcher Art in den Sinn kamen. Es genügte, im rechten Glauben zu leben und zur Beichte zu gehen. Auch da gab ich mir keine Blöße, obwohl mir manches dabei suspekt erschien, doch niemals wäre ich auf die Idee gekommen, mich als Schwindler zu fühlen, denn wie jeder um mich herum war ich um Anpassung bemüht, und vielleicht liegt ja darin auch die Erklärung für meine beginnende Scheu, mich auf dem Rad zu zeigen. Aus der Ferne besehen wurde damit mein Leben alles andere als einfacher, vergab ich doch so die Chance, meine eigenen Kräfte in Besitz zu nehmen; dass es sie gab, bezweifle ich nicht, auch wenn ich mich beim Fußballspiel wie ein Trottel anstellte.

Ich fürchtete mich vor dem Spott der Bauernsöhne und begann ihnen auszuweichen, aber ich befand mich in ihrem Hoheitsgebiet und ein Entrinnen war nur möglich für den, der sich wegduckte oder sein Bündel schnürte. Ich versuchte es mit Wegducken und besann mich aufs Lesen und begann sogar, Gitarre zu spielen. So konnte ich mir immerhin von anderen die Worte und die Melodien borgen, um die Stimme in mir, die sich ans Schweigen gewöhnt hatte, zum Klingen zu bringen. Doch es war nicht von Dauer und meine Stimme blieb dünn, und die Geschichten, die sie vorbrachte, waren ja auch nicht meine eigenen, da konnte ich mich noch so sehr ins Zeug legen. Ich wusste nicht, wie all dem zu entkommen wäre, und mit jedem Abend, an dem ich betrunken ins Bett fiel, schien mein Fall hoffnungsloser. In meiner Bedrängnis kannte ich nur den einen Wunsch, dass alles anders werden möge, was nicht geschah.

Die Verhältnisse änderten sich allenfalls insofern, als die Jungbauern nun im Mercedes ihrer Väter durchs Dorf rollten oder in ihrem eigenen Opel Kadett und abends die Mädchen wie selbstverständlich mit zum Tanz oder ins Kino nahmen, während ich dem Blues die ewige Treue schwor und von meinem Fenster aus die ausgestorbenen Dorfstraßen absuchte oder auch über die abgegrasten Felder spazieren ging, weil es zu meiner Stimmung passte und ich insgeheim doch hoffte, jemanden zu treffen. Auch dass ich an manchen Tagen barfuß über die kahlen Äcker stapfte, konnte nichts daran ändern, dass ich keinen Boden mehr unter meinen Füßen spürte. Aber was waren sie schon wert, diese Füße, gehörten sie doch zu einem Körper, der eben herangewachsen und zu nichts zu gebrauchen war: nicht, um sich zu prügeln, nicht, um zu fliehen, und für die Liebe schon gar nicht – davor rettete mich keine Lektüre und keine Gitarre. Um mich zu betrinken, dafür allenfalls war er mir recht.

In diesem nutzlosen Körper fühlte ich mich genauso wenig zu Hause wie zwischen den Körpern meiner Altersgenossen, die bei weitem nicht so nutzlos waren: Sie hatten etwas anzupacken, und wenn es nur Vieh und Heu waren, aber davon verstanden sie etwas, wenn man ihrem Gerede Glauben schenken durfte, und das denke ich noch immer. Darin waren sie mir überlegen, doch es wäre mir unmöglich gewesen, ihnen in dieser Hinsicht Zugeständnisse zu machen. Viel lieber sonderte ich mich ab und suchte das Weite, das zumeist nicht weiter reichte als die Felder ihrer Väter. Oder ich wandte mich der breiten Straße zu, wo es genügt hätte, sich seitwärts fallen zu lassen, um von einem der Lastwagen erfasst zu werden, die hier viel zu schnell durchrasten, oder den Daumen rauszuhalten, um wegzukommen von hier.

Das Leben im Dorf wurde mir fremd und unzugänglich, auch die Landschaften, selbst die Berge des Alpenvorlandes, die bei Föhnwetterlage wie urzeitliche Lebewesen wirkten, hatten für mich nichts Verlockendes. Dünkelhaft schienen sie mir und sie waren mir zuwider und wenn winters die Dorfjugend in Bussen zu den benachbarten Skigebieten aufbrach, blieb ich ihnen fern. Es waren ihre Berge und nicht meine, und am Ende hielt mich nichts mehr in ihren Kreisen. Die Fliehkräfte, die längst schon an mir zerrten, begannen ihre Wirkung zu entfalten, und in gewisser Weise halten sie mich auf dem Rad noch heute aufrecht.

Schließlich kam der Sommer, in dem ich einen knappen Abschiedsbrief an meine Schule schrieb, meinen Schlafsack und ein paar Wäschestücke in meinen Rucksack packte und mich an einem sonnigen Morgen noch einmal an die breite Straße am Fuß unseres Dorfes begab, wo ich meinen Daumen hochhielt, um mein Glück woanders zu suchen, im Glauben, es wäre ein Leichtes, das Vertraute hinter sich zu lassen. Dem Ersten, der mit mir Erbarmen hatte, folgten viele weitere, bis sie diese andere Sprache sprachen, deren melodiöse Laute ich als wohltuend erlebte. Dennoch war da manches in mir, was sich gegen das Unvertraute sträubte: So leicht schlägt man kein frisches Kapitel auf und richtet sich neu ein, selbst wenn einem das alte Kapitel von Beginn an schal oder abstoßend erschienen war, weil man darin die falsche Rolle zugewiesen bekommen hatte. Schon damals schien mir der Süden die bessere, genau genommen die einzige Wahl, und ich erinnere mich an unbeschwerte Tage unter der provenzalischen Sonne und vielleicht war es ja wirklich so gewesen, denn es endete immerhin nicht im Desaster, obwohl mir meine Rückkehr wie eine schwere Niederlage vorkam.

Jahre später, als ich meinem Dorf längst den Rücken gekehrt hatte, trieb es mich also nochmals in die Provence und vielleicht gab mir meine Verliebtheit eine Ahnung von dem, was tatsächlich möglich war, wenn man sich über das Gewöhnliche hinauswagte. Und das tat ich, als ich das Rad wählte. Ich war bereit für den Kampf, den ich auszufechten gedachte, auch wenn meine Vorstellungskraft noch nicht ausreichte, um dieses Unterfangen an der Haustüre zu beginnen, so dass eine Zugfahrt durch die Schweiz geboten schien. Diese verlief zunächst erstaunlich reibungslos, obwohl ich in Unkenntnis der Sachlage mein Fahrzeug einfach in den Flur stellte, was weiter keine Aufregung verursachte, wenn auch der Durchgang damit fast versperrt war. Jedenfalls bekam ich in meinem Abteil keinen Ärger mit, selbst in Zürich, wo ich umsteigen musste, fuhr mir niemand ins Geschirr.

Erst in Genf ließen mich die Schaffner auf dem Bahnsteig stehen, als sie meine Absicht bemerkten, mir eine Freifahrt fürs Rad zu erschleichen. Aber eine Fahrkarte für mein Gefährt wollte mir dennoch niemand ausstellen, wodurch ich gezwungen war, statt in

Chambéry bereits in Genf den neu erstandenen Radhelm aufzusetzen und in die Pedale eines schon leicht ramponierten, bronzefarbenen Rennrades zu treten, das erstaunlicherweise den einen oder anderen Umzug überlebt hatte – eine Landkarte besorgte ich mir an einer Tankstelle.

An diesem Nachmittag schaffte ich siebzig Kilometer, möglicherweise mehr als je zuvor in meinem Leben. Ich war erledigt und zutiefst verärgert, als ich mir in Aix-les-Bains ein Hotel nahm, und zu nichts anderem mehr in der Lage, als einen knappen Liebesbrief zu verfassen. Es war klar, dass ich am nächsten Morgen erst einmal den Zug nehmen würde, um bis Chambéry zu gelangen, denn schon bis hierhin hatte ich eigentlich genug gekämpft. Und so nahm das Geschehen seinen unheilvollen Lauf, wenngleich ich den Lac Sainte-Croix, einen Stausee, der am Ende der Verdonschlucht liegt, von Chambéry aus tatsächlich per Rad erreichte – überrascht, dass dazwischen die Alpen lagen, mit denen ich nicht gerechnet hatte und für die ich mit zwei Mal sieben Gängen und einer fürchterlichen Übersetzung auch nicht im Geringsten vorbereitet war. Wobei ich sowieso nicht im Geringsten vorbereitet war auf diese Tour, abgesehen von dem neu erstandenen Helm und einer neu erstandenen Radhose mit echtem Ledereinsatz, und wieder fühlte ich mich allem, was mich umgab, ausgeliefert.

Ich hasste die Einsamkeit der Hotelzimmer und der Straße, die mir schon kurz hinter Genf zum Feind geworden war, und vielleicht hasste ich mehr als alles andere mich selbst, diesen menschenscheuen Versager, der noch nie in seinem Leben etwas Vernünftiges mit Anstand zu Ende gebracht hatte. Ich schrieb – als könnte ich mich damit von einer Schuld befreien – Liebesbrief um Liebesbrief, bis die Finger versagten, da ich mir ein Karpaltunnelsyndrom zugezogen hatte und schließlich keinen Kugelschreiber mehr halten konnte; monatelang plagte ich mich anschließend damit herum. Stechende Knieschmerzen kamen hinzu, die mir ebenfalls noch über Wochen hinweg bei jedem Versuch, aufs Rad zu steigen, einschossen. Fünfzehn Kilometer vor Avignon stieg ich in den Zug, machte Tabula rasa: wieder einmal nichts zu Ende gebracht.

Vorher hatte ich noch wutentbrannt meinen zweiten oder dritten Platten an diesem Tage geflickt, was mit meinen tauben Fingern alles andere als problemlos gelang, und als die Waggontür ins Schloss schnappte, war ich einfach nur froh, nie wieder in meinem Leben weiter als in die Innenstadt mit dem Rad fahren zu müssen, trotzdem war mir zum Heulen zumute. Die Rückfahrt schien mir unendlich lang, konnte ich es doch kaum erwarten, wieder zu Hause zu sein, und in dieser Niederlage, die ich mir nicht einmal eingestehen wollte, lag nichts Lustvolles, und es dauerte Jahre, bis ich meinen Irrtum bemerkte und mir aufging, wie eng Lust und Schmerz beieinander liegen, jedenfalls dann, wenn der Schmerz aus den Beinen kommt und nicht aus der Seele. Erst als diese Reise aufgehen konnte in jenem Strom, der später von mir Besitz ergriff, war der Boden dafür bereitet, alles in einen größeren Zusammenhang zu setzen, in dem auch das Scheitern seinen Platz fand.

Der Orthopäde zu Hause – womöglich war doch ein gewisser Stolz in mir, als ich zu ihm ging, wie bei einem Krieger nach vollbrachtem Einsatz – diagnostizierte mir nach Abschluss einer Untersuchung mit diversen Streck- und Beugebewegungen des Beines eine Fehlstellung der linken Kniescheibe, für die er einen lateinischen Namen fand, der mir inzwischen aber entfallen ist. Seine Diagnose sah er im Übrigen auch im Röntgenbild bestätigt. *Mehr als hundert Kilometer auf dem Rad können Sie vergessen*, riet er mir, und ich erinnere mich an die Erleichterung, die mich überkam. Dazu empfahl er mir die Einnahme von Vitamin E. Er wirkte mir sehr kompetent und seine mahnenden Worte hatten überhaupt nichts an sich, was mich hätte schrecken können: Das Thema war ein für alle Mal erledigt.

Ich war dabei, mich mit dem Leben in meiner neuen Stadt anzufreunden, wenngleich es mir immer so schien, als ob das Entscheidende noch bevorstand. Die Jahreszeiten kamen und gingen, und nichts deutete auf irgendeine Änderung hin bis zu dem Zeitpunkt, als mein Leben in geregelte Bahnen zu geraten drohte: Der Unstetigkeit des Taxigewerbes hatte ich den Rücken zugekehrt und an deren Stelle eine solide Arbeit begonnen, was sich insofern als unglücklich herausstellte, als mir die Enge des gewählten Betriebs ungewohnt war und zusetzte, auch wenn meine Kollegen freundlich und sogar bemüht um mich waren. Jedoch wollte ich mich auf den Anschein der Verbindlichkeit nicht verlassen, und auch dort fand ich nicht meinen Platz. Stattdessen streunte ich in den Pausen ziellos durchs Viertel. Zu vieles in mir sträubte sich, ließ sich nicht bändigen und zur Freundschaft hinreißen, und Einsamkeit machte mir zu schaffen. Aus der Not heraus suchte ich wieder nach Auswegen, nur war mir zwischenzeitlich klargeworden, dass man nicht unendlich Chancen vertun und Möglichkeiten versemmeln kann. So unterwarf ich mich widerstrebend dem Regelwerk und schmiss den Bettel nicht hin, was nichts änderte, und ich sann auf Abhilfe und Ausbruch, wie einst in meiner Heimat, die mir nie Heimat gewesen war... Nur wie?

Der Rausch, wie er in meinem Dorf üblich war, war nicht mehr von der Art, wie ich ihn anstrebte, selbst die Verliebtheit eröffnete keine neuen Wege und weit und breit war nichts am Horizont, was mir das Gefühl nehmen konnte, dass mir die Luft zum Atmen fehlte und ein Platz im Leben, das ich mir anders vorgestellt hatte, ohne zu wissen wie. Es brodelte in mir, aber ich war dennoch froh, mit einer Gefährtin zu sein, und in diesem Punkt immerhin hatte ich Boden unter den Füßen.

Ich suchte die Stadt, um mich zu zerstreuen und Gesellschaft zu finden oder vielleicht auch nur Abwechslung, und dann war da dieses Auto, das aus einer Seitenstraße in die Fußgängerzone einbog und mich auf die Motorhaube nahm. So wurde mein ehrwürdiges bronzefarbenes Rennrad zu Schrott und die Versicherung bezahlte in einer unvorhersehbaren Wendung ein neues mit einem Rahmen aus Chrom-Molybdän-Stahl, pink-blau geflammt auf weißem Grund, sechzehn Gänge, gerasterte Rahmenschaltung.

Ein Rad ist ein Rad und man muss keinen Zirkus darum machen, aber vielleicht ist es so, dass ihm eine Seele eingehaucht wird, wenn man aus einer Eingebung heraus mit der Hand übers Oberrohr streicht. In jedem Fall fühlte es sich unvertraut gut an, und alles war neu und blitzend, selbst die Kette. Es war das erste fabrikneue Fahrrad, das ich je besaß, und obwohl sein Besitz nicht mein eigenes Verdienst war, allenfalls insofern, als ich beim Unfallhergang hatte Schlimmeres verhindern können, empfand ich doch so etwas wie

Stolz, als wir den Radladen verließen. Es fühlte sich selbst dann noch gut an, als ich draufsaß, und auch die Pflastersteine vor dem Geschäft konnten das Fahrgefühl, trotz der hartgepumpten Reifen, nicht schmälern. Es fühlte sich gut an, als ich mich damit ausnahmsweise zur Arbeit begab, und noch besser, als ich bei passender Gelegenheit aus der Stadt herausfuhr, auf Wegen, die mir bis dahin fast unbekannt waren. Und so lernte ich, die Stadt und die Umgebung mit neuen Augen zu sehen, ich, der ich glaubte, alles zu kennen wie kein Zweiter, nach all den Jahren, die ich hinter dem Steuer des Taxis verbracht hatte. Ich spürte, dass dahinter etwas verborgen lag, das mir neu und auf angenehme Weise fremd war. Es fühlte sich gut an, als ich aus einer Laune heraus auf den Hausberg meiner Stadt fuhr, zwölfhundert Meter hoch, und wie gewaltig fühlte es sich erst an, als ich ihn bezwungen hatte, auch wenn ich trotz der sechzehn Gänge ächzte und stöhnte!

Dies aber lag in meiner Hand, und der Berg, den ich bis vor kurzem für unbezwingbar hielt, erwies sich als fairer Gegner und in diesem Tun fühlte ich mich nach und nach einem ganz anderen Menschenschlag zugehörig, der unbeugsamer war als das Mittelmaß oder auch nur geduldiger, und das imponierte mir sehr. Wild war die Abfahrt, und mir gefiel auch das, so dass ich den Berg schon am nächsten Tag wieder in Angriff nahm und gerade noch rechtzeitig zum Spätdienst kam, ehe die Stempeluhr wegen der Verletzung der Arbeitszeit zu blinken begann. Danach erschien mir, trotz der langen Flure, im Licht der Neonröhren alles noch beengter.

Als ich zum ersten Mal die Passhöhe unseres Hausbergs überschritten hatte, war das wie ein Sprung vom Zehn-Meter-Brett, den ich nie gewagt hatte, denn ich würde entweder von der anderen Seite nochmals hochfahren oder den großen Umweg über die Ebene machen müssen, und in der Abfahrt lief mir ein Schauer über den Rücken. Und doch kam ich heil zurück, und ich fuhr weiter und weiter und streifte die Hundert-Kilometer-Grenze meines Orthopäden, und als ich zum ersten Mal darüber hinausfuhr, ohne Kniebeschwerden, hatte ich ein kleines Stück einer bis dahin allenfalls erahnten Freiheit erlangt, oder, wie mir vielmehr schien, wiedererlangt. Gerade so, als hätte mir diese von Rechts wegen zugestanden.

Es war, als ob der Lack des Alltäglichen abblätterte und etwas zum Vorschein kam, das darauf gewartet hatte, freigelegt zu werden. Meine Arbeit geriet darüber zur Nebensache und ich nahm nicht mehr Schichten auf mich, als ich musste, vertiefte mich stattdessen in die Lektüre von Radzeitschriften und verschlang Bücher zum Thema und ließ mich von Landkarten verzaubern, und allem schien eine Faszination anzuhaften, gegen die ich mich nicht wehren konnte und wollte. Ich ließ mich hineinziehen in diesen Strom und von ihm mitreißen und drehte meine Runden, die mich weiter und weiter weg führten, lernte damit umzugehen, wenn die Beine schmerzten und die Lungen brannten.

Ich fuhr zweihundert Kilometer am Stück, dann las ich von Menschen, die zwölfhundert Kilometer nonstop gefahren waren, von Paris nach Brest und zurück, und man könnte es Fügung nennen, dass mir eine solche Lektüre unterkam, aber dieser Begriff ist prätentiös: Wer sollte sich schon Gedanken darüber machen, wo es mich hinzuverschlagen habe? Nichts war vorherbestimmt, jeder Kilometer war dem Zufall überlassen, und dies habe ich wohl am meisten genossen. Und mit jedem weiteren Kilometer vergrößerte sich mein Terrain, und mit jeder Straße konnte ich plötzlich etwas verbinden, als stünden wir im Dialog – ich lernte, ihre Tücken zu fürchten und ihre Vorzüge zu schätzen. Und so entstanden Geschichten, winzige, die ich für mich behielt, und dann die anderen, die ich mit meinen Mitfahrern zu teilen begann. Ich fing an, etwas zu erahnen, von dem ich nicht glaubte, es jemals zu finden: Heimat.

Und in diesen Stunden, wo ich auf dem Rad saß, fühlte ich mich nicht mehr ausgeliefert, sondern war frei und die Grenzen waren nur dazu da, um sie zu verschieben. Würden meine Beine mich nicht überallhin tragen?

Ich malte mir das Abenteuer aus und dachte, Paris–Brest–Paris, das ist kompletter Wahnsinn, und die Mahnung meines Orthopäden kam mir wieder in Erinnerung. Und nachdem ich all das bedacht hatte und hierhin und dorthin gefahren war und auf Bergen stand, die ich zuvor nicht einmal vom Namen kannte, meldete ich mich ein paar Jahre später in Frankreich für mein erstes Brevet an, zweihundert Kilometer, und dachte: So ein Blödsinn, ich will doch nur die zwölfhundert Kilometer von Paris–Brest–Paris fahren. Aber dafür brauchte man die vier Qualifikationen von zweihundert bis sechshundert Kilometern. So fuhr ich also widerwillig die Qualifikationen, obwohl ich eigentlich nur in Paris antreten wollte, und ich mühte mich entsetzlich ab und hatte nicht für möglich gehalten, dass man sich so quälen kann, und die, die sich mit mir quälten, waren für mich wie Freunde und wir konnten uns in die Augen sehen, ohne den Blick abwenden zu müssen, und uns am Ende ohne jede Peinlichkeit umarmen.

Und dann stand ich am Start von Paris–Brest–Paris, inmitten von Tausenden von Menschen aus der ganzen Welt, und danach war ich nicht wieder derselbe – als hätte ein tiefer Schmerz endlich seinen Weg ins Freie gefunden.

Tag 3, Freitag

Haute-Provence

Chorges, Kilometer 687

An der Mimik des Gastwirts erkenne ich, dass ich der Erste von uns sein muss, der heute Morgen dieses Café in Chorges betritt. Er hebt den Kopf, schiebt unwirsch seine Brille auf die Stirn und mustert mich knapp, für die Dauer eines Wimpernschlags nur, mit einem Blick, der zwischen Unmut und Neugier schwankt. Dennoch erklärt er mir ohne Umschweife den kurzen Weg zur Bäckerei, wo ich Croissants besorgen könne, während er unter dem laufenden Fernseher, der neben dem Tresen hängt und sich schon zur Frühstückszeit alle Mühe gibt, Banalitäten zu Sensationen aufzubauschen, an der wuchtigen Kaffeemaschine zu hantieren beginnt. Nach meiner Rückkehr hat er sich wieder so weit gefangen, dass er fast schon zutraulich wirkt, als er mir den Kaffee zu den Hörnchen auf den Tisch stellt – auch wenn er sich weiterhin fragen wird, was dieses übel riechende Individuum so früh in seiner Kneipe verloren haben mag.

Aber wie soll er wissen von meinem langen Weg hierher? Wie soll er wissen, was uns umtreibt, mich und jenen eigenwilligen Kollegen von massiver Bauweise, der nun mit hängenden Tränensäcken durch die Tür tritt. Auch er, der erst kürzlich dem Kreis der Randonneure beigetreten ist, hat beileibe schon eine bessere Figur gemacht. Aber er behauptet, dass es ihm prächtig gehe, was auch an seiner Ernährung liege, die im Wesentlichen aus Kartoffelbrei bestehe, den er in Orangensaft aufzulösen pflege. Trotzdem geht nun auch er sich ein Croissant holen, während ich mir einen zweiten Kaffee bestelle, der wirklich ganz passabel ist. Darin, das muss man anerkennen, hat der *patron* eine gewisse Fertigkeit erreicht, um die man ihn beneiden könnte, und so will man ihm auch nicht verübeln, dass seine Gesichtszüge angestrengt bleiben und sich seine Worte beim Zahlvorgang auf das Nötigste beschränken. Sicher hat er nur selten auf einem Rad gesessen und schon gar nicht, um die Weitläufigkeit seines Landes oder seines Daseins zu erkunden.

Der Weg führt uns nun noch einmal Richtung Grenoble. Wir werden hier den nördlichsten Punkt der Tour erreichen, jedenfalls all die, die noch mit von der Partie sind, und weder weiß ich, wie viele noch übrig sind, noch wer vor oder hinter mir ist. Nur Rufus wird vor mir sein, das ahne ich, während sich mein Frühstücksgeselle nach einem kurzen gemeinsamen Intermezzo bald schon in Luft auflöst. Ich könnte nicht einmal sagen, wie und wo dies geschehen ist auf unserem Weg nach Norden. Aber was heißt hier schon Norden, noch immer sind wir in der Haute-Provence, wenngleich sich in diese Gegend keine Touristenmassen verirren – Grenoble ist noch fern und die Durance als Urlaubsziel liegt weiter südlich im Tal.

Umso mehr erstaunt der morgendliche Verkehr auf der Nationalstraße, über welche die Route nun verläuft, nur ein paar Kilometer, glücklicherweise, aber sie führt uns die verstörende Wirklichkeit der Morgenstunden vor Augen: ein endloses Band hermetisch abgeriegelter Kapseln, die zur Arbeit rollen. Im Innern wird es nach Duschgel oder Shampoo riechen, nach Nagellack oder Nagellackentferner oder Parfum, nach kaltem Rauch; die Klimaanlage säuselt und das Morgenradio nölt mit den Staumeldungen und der unerträglich guten Laune der Moderatoren, und das Smartphone liegt bereit, um nichts zu verpassen. Und wären nicht diese Nachrichten, die von Zeit zu Zeit aus der Außenwelt nach innen dringen, mancher, dem es an Abgebrühtheit noch fehlt, hätte gewiss den Eindruck, im Gefängnis zu sitzen. Dies ist die Normalität mit ihrem erschreckenden Gehabe, das nirgendwo hinführt.

Aber einer, der so daherkommt wie ich, verschwitzt, stinkend und mit schmerzenden Gliedern – muss so einer Mitgefühl haben mit diesem ganzen dahinstürmenden Volk, dessen tonnenschwere Gefährte unablässig Unterhaltszahlungen einfordern für die Gunst, ihre Besitzer voranzubringen? Noch ehe ich ihre Silhouetten wahrnehme, sind sie vorbeigerast, in einem Tempo, das ich nicht einmal bergab erreichen könnte – selbst wenn ich all meinen Mut zusammennähme. So steigt Ärger in mir auf gegen diese Normalität, die in ihrer unnatürlichen Eile viel zu dicht an mir vorbeirauscht, und ich will nicht wahrhaben, dass auch wir dem nur für wenige Tage entflohen sind.

Denn dieses eine Ziel vor Augen, den *Mille du Sud* zu vollenden, lässt alles andere neben sich verblassen, auch den Umstand, dass nach den verbleibenden dreihundert Kilometern dieser Lebensabschnitt der ungestümen Freiheit, in die wir vor zwei Tagen aufgebrochen sind, abgelaufen sein wird, dass die Uhr tickt und tickt. Der Ausnahmezustand, der diese Tage kennzeichnet, neigt sich seinem Ende zu und der Gedanke an den unabwendbaren Rückfall in den schwindelerregenden Mikrokosmos des alltäglichen menschlichen Treibens durchzuckt mich auf schmerzhafte Weise. Ich wünschte, diesem mit einem abrupten Schütteln des Kopfes beizukommen, wie man es zuweilen macht, wenn einen plötzliche Müdigkeit überfällt.

Es ist gut, dass ein paar Kilometer später eine Nebenstraße nach rechts in die Hügel abbiegt, der ich folgen darf. Sie bringt die Dinge wieder ins richtige Maß. Ohne die Erwartung irgendeiner Erleichterung oder Bescherung oder Erlösung rollt man Straßen wie diese entlang, einfach von Kilometerstein zu Kilometerstein, die gelb am Wegesrand leuchten, dem Fremden mit stillem Respekt begegnen und ihn mit Anstand und ohne dieses abstoßende Gesäusel der Morgenradio-Moderatoren darüber in Kenntnis setzen, wo er sich befindet und welche Wege ihm offenstehen. Und wenn nun hier, zwischen den grün schimmernden Bergketten, die sich links und rechts neben mir in die Brust werfen, mein Herz und meine Beine ihren Dienst einstellten und sich der inzwischen lichte Morgen in tiefste Finsternis verwandelte, weil es genug ist so, oder bereits zu viel: Es gäbe darüber hinaus keine weiteren Ansprüche zu stellen. Mehr ist nicht zu erwarten bis hierhin, weder für mein Leben noch für den *Mille du Sud*.

Aber noch halte ich mich aufrecht und die Räder Kurs nach Norden, und hier, im ruhigen Hinterland, ist mir, als ob mir auch dieser dritte Tag die offene Hand hinhält, und gerne schlage ich ein, vielleicht nur aus Dankbarkeit, und gleichzeitig frage ich mich, ob ich eine solche Strapaze je wieder auf mich nehmen werde. Für dieses eine Mal jedoch ist jede Faser im Körper weiterhin darauf ausgerichtet, nicht nachzugeben, und die Sinne darauf eingeschworen, sich beständig neu zu ordnen und die Orientierungspunkte, wie sie auf meinem Oberrohr haften, nicht aus den Augen zu verlieren. Ich muss die Runde zu Ende fahren. Und in diesem Aufbegehren gegen den natürlichen Gang der Dinge liegt das ewige Dilemma, aus dem uns auch der jetzige Ausnahmezustand nicht befreit, da können uns die Straßen an Demut lehren, was sie wollen.

Bis zum Col du Festre ist es ein langer Weg, aber die Sonne gewinnt an Kraft und durchdringt den Morgennebel, und mir will scheinen, als schiebe mich zuzeiten ein Rückenwind. Solches Empfinden indes kann täuschen, am dritten Tage mischen sich nicht selten Einblendungen zwischen uns und die Welt, die sich über unserem Vorderrad aufspannt – Bilder, die befremdlich sind: Mülltonnen, die sich als wilde Tiere entpuppen, Bäume, die mit einem Mal zu winken beginnen, Mittelstreifen, die sich plötzlich erheben, um uns überraschend als alte Freunde entgegenzutreten.

Und so sind auch wir selbst befremdlich geworden in diesen Tagen des Umherziehens, so dass es nicht verwundern muss, wenn man auf einer Abfahrt, die hinunter ins Tal des Drac führt, von einem entgegenkommenden, einheimisch anmutenden Rennradfahrer mit wild fuchtelnden Gesten gestoppt wird. Er würde zu gerne wissen, was es mit den merkwürdigen Gestalten auf sich habe, die ihm vorhin begegnet seien, auffällig seien sie gewesen mit ihren Leuchtwesten und Taschen und Lampen auf dem Helm, und übermüdet hätten sie ausgesehen – ob ich ihm in diesem Punkt

Auskunft geben könne? Ja, sage ich, wir seien den dritten Tag in der Provence zugange, und gerne würde ich ihm ein paar markante Ortsnamen nennen, aber ich bringe nichts mehr zusammen von dem, wo wir überall waren. Nur mit dem Col Agnel kann ich noch aufwarten, alles andere ist wie Brei im Kopf, und ich teile ihm noch mit, dass es tausend Kilometer seien, die wir bis spätestens morgen früh zurückzulegen im Sinn hätten. *C'est curieux*, sagt er, *c'est curieux*, und schüttelt den Kopf und steigt wieder auf, um in gemächlichem Tempo jenen Anstieg hochzuklettern, den sein kurioser Gesprächspartner, der nun auch gleich die liebliche Talsohle erreicht haben wird, eben heruntergekommen war.

Fast in Rufweite der *Route Napoléon* befinde ich mich nun, was leicht gesagt ist, denn mein Hals kratzt und die Stimme ist rau geworden im ständigen Wind – aber was gäbe es hier schon groß zu rufen? Ich quere den Drac, auch dieser Name wird mir gleich schon wieder entfallen sein, und dann geht es wieder hoch, nach Ambel, ein Ortsname, der mir nicht entwischen wird, da er in dünnen, während der Fahrt tanzenden Buchstaben als Kontrollpunkt auf meinem Oberrohr vermerkt ist. Kilometer 734. Der Anstieg dorthinauf ist höher als erwartet und steiler, daran hat man sich in der Zwischenzeit jedoch gewöhnt und man lässt es über sich ergehen. Die Straße ist bei alledem gefällig und in Ambel ist der Wendepunkt im Norden erreicht, und dort mache ich ein Foto am Ortsschild, weil es ein entlegenes Provinznest ist, wo kein Geschäftsstempel zu erwarten ist, und das Foto wird mir später dazu dienen, meinen Alterungsprozess zu rekonstruieren.

Col du Festre, Kilometer 756

Mit jedem Kilometer komme ich Carcès, unserem Ziel, näher – um nichts anderes geht es jetzt – und das Dilemma des menschlichen Strebens überkommt mich aufs Neue mit aller Macht. Jeder gefahrene Kilometer ist einer weniger auf meinem Weg und bringt mich voran in dieser Geschichte, die nach einem Abschluss drängt. Der Horizont wird enger und enger, was nicht an den schroffen, verwitterten Felswänden liegt, welche die Auffahrt zum Col du Festre beschneiden, es ist das Ende, das den Blick verengt, noch zweihundertfünfzig Kilometer. Und als ich nach einer zähen Stunde des Aufstiegs endlich am Col du Festre die Tür zur Gaststätte auf der Passhöhe öffne, treffe ich wieder auf meinen alten Weggefährten und die beiden ehrbaren Männer vom Vortag.

Es tut gut, wieder unter Menschen zu kommen, und die Stimmung ist heiter und wir trinken Bier in der Stube, aber auch die Müdigkeit hat sich zu uns gesellt und macht uns einsilbig. Alle haben wir wenig geschlafen und sehnen das Ende herbei. Eine letzte Kontrolle noch, die es anzusteuern gilt, Séderon, nochmals neunzig Kilometer, dann wird es schnurstracks zurück nach Carcès gehen, hundertsechzig Kilometer. Die Zahlen purzeln durcheinander, man misst ihnen Bedeutungen bei, aber die Straßen bleiben dennoch Straßen und werden nicht zu Maßbändern, und es geht weiter auf und ab…

Doch nun trinken wir unser Bier, die Schuhe zur Seite gestellt, damit die Füße und die verklebten Socken noch einmal Sauerstoff bekommen. Sogar gewaschen habe ich mich auf der Toilette, das ersetzt keine Dusche und schon gar keine frische Kleidung, aber auch so schöpfen die Poren rundum wieder neue Hoffnung. Zur Krönung esse ich eine Lasagne, die mir von den Wirtsleuten zügig serviert wird, denn sie kennen uns aus den Vorjahren und haben sich auf unsere Umstände eingerichtet. Dann brechen wir gemeinsam auf, zu viert, aber das wird nicht lange halten.

Jeder neue Aufbruch fordert, dass man gewissenhaft sein Material verstaut. Und wenn man noch so erschöpft ist: Nichts darf vergessen werden, will man später nicht in Bedrängnis kommen. Dies gilt umso mehr, wenn man auf den Gipfeln steht, wie hier auf dem Col du Festre mit seinen 1441 Metern. Und so machen wir uns an unserem schmalen Gepäck und auch an den Rädern zu schaffen und streifen schließlich die Jacken über. Nur Rufus traut sich zu, die anstehende Talfahrt ohne Jacke zu bestreiten, weil ihm der Fahrtwind die Müdigkeit aus dem Leib treibe, sagt er. Selbst zur Mittagszeit ist es kühl außerhalb der Gaststube, hier oben ist der Herbst schon angebrochen. Immerhin liegt nun eine lange Abfahrt vor uns, und im Tal des Buëch, davon ist auszugehen, werden wir die Wärme des Sommers wiederfinden.

Es ist eine leichte Übung, man muss nur wach bleiben und den Lenker halten. In der Nacht würde man sich im Zweifelsfall, sollte die Straße verschwimmen, an der Leuchtweste des Vorausfahrenden orientieren müssen, mit der er sich gegen den Wind wappnet; aber nun, bei Tage, ist es wirklich ein Leichtes, diesem fast geradlinigen Weg ins Tal zu folgen, solange die Straße unter der Last der Augenlider nicht wegrutscht.

Und so sind wir unten tatsächlich noch zusammen, alle vier. Über die Tage haben jedoch die bindenden Kräfte noch weiter nachgelassen und es ist mir einerlei geworden, ob ich alleine oder in Gesellschaft unterwegs bin. Wenn ich auf dem Rad sitze, geht es nur noch ums Treten und darum, die Beschwerden mit der Notwendigkeit des Vorankommens in Einklang zu bringen. Da helfen nicht der Engländer und nicht der Franzose und auch nicht mein alter Weggefährte Rufus.

Villelongue, Kilometer 793

Und dann ist da, im vollkommenen Abseits, diese letzte Geheimkontrolle, mit der niemand mehr gerechnet hat. Sie ist fraglos mit Bedacht gewählt, auch hier wäre es eine schnellere Variante gewesen, statt dem Weg über die Hügel dem Tal des Buëch und seines kleinen Bruders, des Petit Buëch, zu folgen. Nur sind bestimmt an diesem Punkt alle vor uns und nach uns längst so abgestumpft, dass sie gar nicht mehr in der Lage wären, zwischen den Straßen zu wählen. Da mag man dem Menschen noch so sehr einen freien Willen attestieren, nach achthundert Kilometern in zweieinhalb Tagen greift er nicht mehr. Nichts greift mehr, viel eher sind wir nur noch willfährige Knechte dieser Linie auf dem GPS-Gerät. Dies ist allerdings unerheblich, die große Freiheit, die mich betört, ist die, mein Haupt an jeder Stelle der Provence ins Gras zu legen, wenn mich der Schlaf überkommt, tagsüber und nachts, auf Parkbänken, Cafétischen und Rasenflächen. Und noch mehr ist die wirkliche Freiheit die, wieder aufzustehen und nicht aufzugeben, was in den Ohren Außenstehender nach einem Witz klingen mag.

An der Geheimkontrolle stehen auf den Klapptischen Behälter mit Trinkwasser und Sirup und es liegen frische Trauben aus, und das Paar, das uns hier empfängt, ist unendlich zuvorkommend, als wüssten sie, was wir hinter uns haben. Aber das alles liegt ja tatsächlich schon hinter uns, und nur noch zweihundert Kilometer vor uns: Das werden wir schaffen. Und ich höre, dass auch der sehnige Landsmann mit seinem anachronistischen Ein-Gang-Rad noch im Spiel ist, wenngleich weiter zurück. Es ist unglaublich, dass er den Bettel noch nicht hingeschmissen hat, und nun wird er es ganz sicher nicht mehr tun, dafür hat er zu viel erdulden müssen, und die Frage stellt sich, ob das Leiden, das ich über mich habe ergehen lassen, wirklich noch zu steigern ist. Aber ich sehe wohl, dass es möglich ist, und so stellt sich die nächste Frage, wo da überhaupt eine Grenze sein mag.

Angesichts der nachmittäglichen Stunde und all der Dinge, die über meinen Horizont gehen, ist für mich nun der Moment erreicht, mich von meinen Begleitern erneut zu trennen und für zehn Minuten ins verdorrte Gras zu legen, das an den nackten Armen und Beinen zu jucken beginnt, während die drei, mit neuer Stärkung versehen, weiterziehen auf dem rauen Asphalt, der sie über die nächsten Hügel führt, die auch mir in Kürze zusetzen werden.

Eine Trägheit liegt auf den Landstraßen und meine Räder rollen bald schon wieder gegen die schwüle Luft an und meine Arme werden kraftlos und knicken ein. So tief über den Lenker gebeugt ist die Haltung nicht sehr ansehnlich und es kann gut sein, dass man von anderen, einheimischen Radfahrern überholt wird. Es kann aber auch sein, dass man dessen nicht einmal gewahr wird. Jedoch bemerke ich im Vorbeifahren, eine halbe Stunde hinter der Geheimkontrolle, die beiden vertrauten Randonneure, den Engländer und den Franzosen. Ausgestreckt in einem Feld unter dem fahlen Schatten eines abgestorbenen Baumes, wie gelähmt, so scheint es, liegen sie parallel zueinander auf dem Rücken – gefallene Helden, die zur letzten Ehre aufgebahrt wurden, umrahmt von ihren Rädern. So stimmig wirkt das Arrangement, dass man fast glauben könnte, jemand habe alles mit dem Lineal vermessen und die Räder in gebotenem Abstand im identischen Winkel drapiert. Dies sieht komisch aus und gleichzeitig traurig, als hätten Heckenschützen aus dem Hinterhalt sie niedergestreckt, noch vor der Zeit, die hier allem Anschein nach stehengeblieben ist: Die Landschaften, in nachmittägliche Erstarrung versetzt, sind menschenleer. Bleiches Gemäuer von zerfallenen Hirtenbehausungen döst zwischen Brombeerranken vor sich hin. Aber nicht hinter diesen Ruinen oder den verwitterten Steinmauern der fensterlosen Dorfhäuser lauern sie, die Heckenschützen, sondern unter der Schädeldecke, und sie wüten und feuern in konzentrierter Ruhe auf alles, was sich noch regt. Da bleibt keine Gegenwehr, da lässt man sich, wenn der Zeitpunkt gekommen ist, niedersinken und gibt sich selbst das Versprechen, wieder aufzustehen, irgendwann, wenn das stumme Kriegsgeschehen im Kopf es wieder zulässt.

Es wäre unnütz, meinen beiden Mitstreitern zuzuwinken, und so ziehe ich grußlos an ihnen vorbei. Das Rollen meiner Reifen auf dem widerborstigen Belag klingt angesichts der Ohnmacht der beiden wie aufmunterndes Geflüster in dieser lastenden Stille und mein Körper strafft sich und gewinnt wieder Oberwasser. Als ich in die Gorges de la Méouge einbiege, ist mir, als würden die Kilometer bis Séderon unter der Wärme des Tages abschmelzen wie Eis in der Sonne, und selbst dass ich stromaufwärts fahre, hat nichts zu bedeuten.

Séderon, Kilometer 841

Séderon döst bei meinem Eintreffen im milchigen Licht des Nachmittags, es ist nur eine unscheinbare Häuserreihe entlang der Straße ohne große Ausstrahlung. Diese geht allein aus der Tatsache hervor, dass wir uns hier um den allerletzten Nachweis auf unser gelben Brevetkarte zu bemühen haben, die wir bis hierher wie ein Wertpapier bewacht haben, als entscheide sie nicht nur über Sieg und Niederlage, sondern sei gewissermaßen das Konzentrat all dessen, was uns in diesen Tagen widerfahren ist. Ein Lebensmittelgeschäft bald nach dem Ortsschild bietet alles feil, wonach mein Herz begehrt. Zuerst der Firmenstempel an der Kasse, dann Salziges und Wasser, klares, stilles Wasser, wie es hierzulande gebräuchlich ist – etwas anderes verträgt mein Magen nicht mehr. So ausgestattet setze ich mich hinaus auf die Bank in der Sonne, zu Rufus, der sich hier ebenfalls zur Pause entschlossen hat, das mag nun eine Viertel- oder auch eine halbe Stunde her sein. Auch ihm ist eine gewisse Euphorie über den letzten Stempel auf unserem Wege anzumerken und alle Eile ist aus ihm gewichen.

Während meine Zähne ein Baguette bearbeiten, höre ich seine wundersame Geschichte vom Col Agnel unter der Weite des purpurfarbenen Abendhimmels, von seinem Blick – dem Blick des Randonneurs – über ein friedliches Tal, dem er soeben leichtfüßig entstiegen sei. Ein Traum sei es gewesen, sagt Rufus, und seine Augen bekommen den Glanz der Abendsterne, die ihm gewiss geleuchtet hatten, und seine Beine werden schon wieder unruhig, was ein Zeichen dafür ist, wie sehr ihn die Sache mitreißt. Und mir wird klar, dass dieser Berg die Kraft haben muss, sich innerhalb von einer Stunde, mit dem Übergang zur Nacht, von einem Ort des Friedens in ein Monster zu verwandeln.

Dieses Phänomen ist ungeheuerlich, aber weil dieser altgediente Herumtreiber als Geschichtenerzähler unter den Randonneuren großes Ansehen genießt, kann es an seinen Erlebnissen keinen Zweifel geben. Ich muss es so hinnehmen, trotz seines Schwärmens bedauere ich jedoch nicht, zu spät auf dieser fürchterlichen Passhöhe angekommen zu sein. Nein, das wird schon seine Richtigkeit haben, und wir werden aus unserer Erfahrung auch keinen Mittelwert bilden, diese Momente lassen sich nicht mitteln, sondern stehen für sich, leben auf ihre Weise in uns fort und formen uns weiter, so wie uns die Landschaften formen und wir mit unseren Erzählungen wieder die Landschaften, die Täler, die Berge, die wir auf unseren Rädern durchstreift haben, die Sonnenuntergänge und -aufgänge, die Unendlichkeit der Straße…

Und auch diese wird in uns weiterleben und einen Teil davon teilen wir mit denen, deren Lebensfäden mit dem eigenen, und sei es nur für kurze Zeit, zusammenlaufen, so wie es am Ende dieser drei Tage mit unseren beiden geschieht, als wir in Séderon zu zweit aufbrechen – im selben Moment, in dem der Engländer mit dem Franzosen in seinem Schlepptau dort eintrifft. Sie sind aus ihrer Leichenstarre erwacht und sogar zu Scherzen aufgelegt, während sie aus ihren Taschen die Brevetkarten hervorkramen. *Do you feel allright,* frage ich den Engländer, aber seine Antwort kenne ich ohnehin: *No!* Und er bricht in Gelächter aus und etwas funkelt auch jetzt noch in seinen blauen

Augen, und so nehmen wir leichten Herzens Abschied voneinander.

Zusammen mit Rufus verfolge ich die leicht ansteigende Dorfstraße, die schnurgerade wieder in die Berge führt. Unsere beiden Fäden bleiben verwoben und ziehen sich im Laufe des späten Nachmittags über den Col de la Pigière und den Col du Négron in den Abend hinein, der wieder kühl wird, sobald die Sonne hinter den Eichenwäldern verschwunden ist.

Auch die anderen, wo immer sie sein mögen, stehen jetzt vor der letzten Nacht, der Engländer und der Franzose, der Hagere mit seinem merkwürdigen Rad ohne Gangschaltung und auch Manuel, den ich seit Guillestre, wo ich ihn nächtens zwischen den Schläfern in der Wartehalle am Busbahnhof nur vermuten konnte, nicht mehr gesehen habe. Wie alle anderen wird er leiden und die Salven, mit denen er sein wieherndes Lachen verschießt, werden kaum mehr große Resonanz finden, wenn er noch auf den einen oder anderen stoßen sollte. Zu diesem Zeitpunkt – das kann er mir nicht weismachen – wird selbst er nicht mehr ans Vögeln denken, dafür ist sein Körper zu geschunden, am Hintern und auch zwischen den Beinen. Nach fast tausend Kilometern in den Bergen ist alles wund und jeder wünscht sich, er könnte seinen Körper einfach abschütteln und ganz allein mit dem Kopf fahren. Aber nein, wohin würde das führen? Der

Kopf ist viel zu müde und würde ohne diesen Körper, der mühsam und unablässig sein Blut ins Gehirn pumpt, geräuschlos auf die Straße fallen und es wäre unmöglich, die Augen nochmals zu öffnen.

Es ist so schon schwer genug, immer wieder die Lider aufzureißen und den Blick auf das Stück Asphalt zu heften, das gerade vor uns liegt und bewältigt werden muss. Ebenso wie das nächste Stück hinter der nächsten Biegung und das Stück, das danach kommt und das wir noch längst nicht sehen, auch wenn es nicht weit entfernt ist. Denn die Straßen in dieser Mittelgebirgszone schlängeln sich kurvenreich über die Anhöhen, die vor Jahrmillionen hier zusammengeschoben wurden und die auch in Jahrmillionen noch Bestand haben werden, wenn der Asphalt zerbröselt sein wird und unsere Geschichten längst keine Zuhörer mehr finden.

Noch aber sind wir am Leben, und das Leben war gut zu uns, denn bis hierher haben wir durchgehalten. Bis hierher haben wir dem Drängen der Stimmen, die uns zur Vernunft riefen, nicht nachgegeben, sondern wieder und wieder den Lenker gepackt. Wir haben die Schuhe in die Pedale eingeklickt und getreten und getreten, und die Einflüsterungen verscheucht, die uns vom rechten Weg abbringen wollten, und wieder getreten, als noch längst kein Ende absehbar war. Wir haben gegessen und getrunken, auch dann, als uns schon nicht mehr danach zumute war, unseren Kopf auf die Platte eines Bistrotisches gelegt, weil die Zeit für ein Schläfchen am Wegesrand zu knapp erschien, und wieder getreten, unter Schmerzen und im Stehen, weil dann die Schmerzen nachließen. Alles ist zuweilen zur völligen Sinnlosigkeit geronnen, aber wir haben uns nicht zur Aufgabe verleiten lassen, sondern uns zusammengerissen und eine neue Schicht Gesäßcreme aufgetragen und das Treten wieder aufgenommen, bis die Nacht uns weggespült hat für zwei, drei Stunden hinein in dieses traumlose Dunkel, aus dem wir mit steifen Gliedmaßen wieder aufgewacht sind, ohne zu wissen, wie sich diese Starre jemals wieder abschütteln ließe, und doch haben wir weitergetreten, in den neuen Tag hinein. Und aus all dem haben wir unsere kostbare Geschichte destilliert, wie man in den Brennereien der Region das *eau-de-vie* destilliert. Eine Geschichte, die zu einem mächtigen Teil unserer selbst geworden ist, wo tief drin, würde sie uns wieder entrissen, plötzlich eine erschreckende Leere herrschte.

Oraison, Kilometer 912

Wir rauschen entlang der Lavendelfelder, die längst verblüht sind und auf den nächsten Sommer warten, während wir uns Tritt für Tritt dem Ausgangspunkt nähern. Und schon sind die Sinne weiter, viel weiter als wir selbst, legen sich in Carcès schon fast auf eine der Matratzen im Schlafsaal, nach ein, zwei Gläsern Rosé, die wir uns zuvor noch hinter die Binde kippen werden, und diese paar Schluck können den Reichtum, der in den nächsten Tagen unsere Existenz fluten wird, allenfalls andeuten. Sophie wird uns erleichtert gratulieren, froh über jeden, der unbeschadet ankommt – aber was heißt schon unbeschadet? Die Ersten werden uns bei unserem Eintreffen ihre Hand auf unsere Schultern legen und wir ihnen, so will es der Brauch. Die Freude über das Bestandene und die Anerkennung kommen wie immer von Herzen, denn wer es zurück nach Carcès schafft, der sieht mit neuen Augen auf das Leben, das, solange er noch auf dem Rad sitzt, zunehmend aus ihm schwindet.

Und genau an diesem Punkt stehen wir jetzt, nachdem wir das unter dem Abendhimmel rot leuchtende Oraison durchquert haben, ohne den von mir gewünschten Halt einzulegen, denn Rufus hat recht: Wir haben noch Essen in den Lenkertaschen, was zwar keine warme Mahlzeit ersetzt, aber so bleiben wir im Rhythmus und müssen nicht tatenlos die langen Minuten der Speisezubereitung erdulden.

Es bleibt die Hochebene von Valensole vor uns mit den ausgedehnten Stoppelfeldern, die ihren finalen Schnitt hinter sich haben. Die Nacht senkt sich noch einmal auf uns herab und bringt neue Müdigkeit mit sich, und dann beginnt Rufus, animalische Laute auszustoßen, ohne jede Vorwarnung. *Was ist jetzt los,* durchfährt es mich, *sticht ihn der Hafer?* Und ich bemerke auch, dass er die Spur nicht mehr hält, was auf den einsamen Straßen kein Problem ist. Also erkundige ich mich nach seinem Befinden, aber er schweigt sich aus und ich denke mir meinen Teil, was mir im Augenblick noch gelingt. Ich sage mir, dass noch immer siebzig Kilometer vor uns liegen, und eine solche Strecke ist in der dritten Nacht, wenn die ganze Welt im Kopf hin- und herschaukelt, keine Kleinigkeit. Jederzeit kann es einen in den Graben werfen, wenn man die Signale seines Körpers missachtet.

Riez, Kilometer 942

Es gleicht fast einem Wunder, dass wir unbeschadet bis Riez kommen, begleitet von diesen Urschreien und dem närrischen Singsang, den Rufus an die Lebensgeister richtet, während es mir ansatzweise gelingt, die Contenance auf dem Rad zu wahren. Mein Denken ist noch nicht ganz erloschen und ich atme tief durch, als wir die Stadtgrenze von Riez erreichen, wo uns laut wummernde Musik entgegenschallt.

Hier werden wir unsere Fahrzeuge für einen Kaffee an einen der weißgefleckten Platanenstämme lehnen, allerdings nicht inmitten der feiernden, lärmenden

Menge rund um eine Rockband, die sich auf dem großen Platz in der Ortsmitte in Rage gespielt hat – das wäre zu viel in dieser Situation. Aber ein Stück weiter ist noch ein anderes Café geöffnet, und dort verziehen wir uns nach hinten, um uns ungestört am Tisch umziehen zu können.

Die Kälte fordert wieder ein langes Unterhemd am Leib, und sicherlich riecht es entsetzlich, als wir uns unserer Trikots entledigen, während der Ober den Kaffee vor uns abstellt. Aber er lässt sich nichts anmerken, und so gibt es keinen Grund, uns nicht hier im Schutz der Gaststube neu einzukleiden. Das braucht seine Zeit, denn die Kälte sitzt tief und der Schlafmangel tut sein Übriges, so dass von den Gehirnteilen nur noch das Reptilienhirn ohne nennenswerte Beeinträchtigungen funktioniert, mit der Folge, dass die Bewegungen langsam werden, was aber ausreicht, um anschließend wieder den Weg nach draußen zu finden, wo ein paar junge Leute sitzen. Vergnügt beobachten sie unsere Bemühungen, wieder zu unserer Mission zurückzufinden, und der eine ballt seine Faust und führt den ausgestreckten Daumen zum Mund, wir mögen doch mit ihnen was trinken, und zur Bekräftigung hebt er sein Bierglas und gibt irgendetwas Lustiges in die Runde. Aber es ist nicht der rechte Zeitpunkt dafür und überhaupt weiß man nicht, ob sie unseren Auftritt wertschätzen oder nur froh darüber sind, mit ein paar Späßen in Gegenwart ihrer Frauen den Abend aufzulockern. Wir aber wahren einen angemessenen Abstand zu ihrem Tisch, wir wollen uns nun in nichts hineinziehen lassen.

Besser ist, wir kümmern uns allein um unsere Räder, die noch einmal zum Rollen gebracht werden müssen, aus dem Tal heraus, in dem Riez gelegen ist. Die Musik der Rockband verfolgt uns noch eine ganze Weile, drei Akkorde im ständigen Wechsel, der Gitarrist bekommt es nicht mehr gebacken, aus seinem Solo auszusteigen, während der Schlagzeuger reindrischt, was das Zeug hält. Wenn sie so weitermachen, werden die beiden noch auf der Bühne zusammenbrechen.

Noch eine halbe Stunde – uns umgibt längst wieder die Stille der Provence –, dann blinkt endlich das Rot der Sendemasten oberhalb des Lac Sainte-Croix, und jetzt haben wir wirklich das Schlimmste hinter uns. Wir fahren hinunter an den See, dessen Last von einer gewaltigen Staumauer gebändigt wird, die wir auf unserem weiteren Weg überqueren werden. Von weit her schimmern Lichter auf der Oberfläche, so dass man nicht weiß, ob es die Sterne sind oder das Licht der Dörfer am anderen Ufer. Die Mühe lohnt sich nicht, das auseinanderzuhalten, aber ich nehme die Anmut des Augenblicks zur Kenntnis, auch wenn das nun keine Rolle mehr spielt – so wie alles, was nun noch kommt, sich erst später entfalten kann, nicht jetzt, wo nur noch Müdigkeit bleibt, die auch zehn Minuten Schlaf auf einem Rasenstück in Montmeyan nicht vertreiben.

Ich kann Rufus dazu überreden, und ich glaube, er will es auch selbst; es geht ihm wirklich sehr schlecht, und tonlos sagt er: *Fahr weiter!*, und es klingt wie ein Fauchen, doch an diesem Punkt lässt man sich unter alten Weggefährten nicht mehr im Stich, man steht die Sache gemeinsam durch bis zum Ende.

Aber nun, kurz davor, sind die Nerven am Zerreißen, der Bogen ist überspannt, jede Faser stemmt sich gegen eine Vereinnahmung durch den Schlaf – so werden wir sie nicht los, diese verdammte Müdigkeit, so nicht. Und wir stehen wieder auf, begeben uns in die letzten, erlösenden Abfahrten, aber es ist keine Erlösung, wenn diese Müdigkeit nur noch von allen aufzubietenden Kräften in Schach gehalten wird. Als Wand zwischen uns und dem, was unsere Augen zu begreifen versuchen, schiebt sie sich durch den Nebel bei Cotignac, wo die Straßenlaternen im Vorbeifahren einen bizarren Tanz aufführen, weil sie denken, sie wären allein und ganz unter sich – da kann man noch so sehr den Kopf hin- und herschütteln. Danach wieder Nebel und nichts als diese bleierne Müdigkeit. Noch ein letztes Dutzend Kilometer, die sich sinnlos aufblähen, dann taumelt uns das Ortsschild entgegen und endlich verwandelt sie sich, um halb zwei in der Nacht, in grenzenlose Erleichterung, als unsere Füße wieder den sonnenverbrannten Boden von Carcès berühren, um die Geschichte des diesjährigen *Mille du Sud* zu beschließen. Oder – vielmehr – um in diesem Moment die Tür aufzustoßen für die neuen Geschichten, die daraus entstehen werden, die wir weitertragen und die uns weitertragen und uns beizeiten wieder Flügel wachsen lassen. Wir werden ja sehen.

Tag 4, Samstag

Epilog

Carcès, Kilometer 1002

Von einundvierzig Teilnehmern kommen dreiundzwanzig innerhalb der Zeit ins Ziel. Darüber gibt es kein Erstaunen, nein, es ist wie immer, und man schätzt sich glücklich, wenn man vor Samstagmorgen, elf Uhr, in der Halle eintrifft, wo das Limit ausläuft. Doch auch alle, die danach zurückkehren werden, haben triftigen Grund, zufrieden zu sein, auch wenn die Zeit nicht auf ihrer Seite war. Die Herausforderung ist gewaltig und hinterlässt tiefe Spuren, was nahelegt, dass wir über keinerlei außerirdische Fähigkeiten verfügen, sondern dass es bestenfalls die Geheimnisse sind, die dem *Mille du Sud* innewohnen und die im günstigen Fall dazu führen, dass wir überhaupt wieder zurückgekommen sind mitsamt unseren Rädern, die nun ringsum an den Wänden lehnen, befreit von ihrer Last; sie haben ihren Dienst getan.

Die Spuren, sie sind nicht nur an den Gesichtern und Körpern abzulesen, aber auch da. Man schaue sich nur um in der Halle, wo die Männer wie Kriegsversehrte im Schlaflager auf den Matten liegen oder von den Matten zum Tisch wanken, und wüsste man nicht um die Vorgeschichte, man glaubte sich in einem Lazarett. Nur der Kanister Rosé auf dem Tisch will nicht dazu passen und die Leichtfertigkeit der Patienten, mit der sie sich daraus das eine oder andere Glas abfüllen, nachdem sie sich nach der ersten Auferstehung zunächst mit einem Kaffee wieder auf die Beine geholfen haben. Aber wie schnell werden diese wieder erlahmen und der Patient findet sich erneut auf der Matte wieder, in den nächsten Tiefschlaf verfallen. So geht das über Stunden, und längst haben der Engländer und der Franzose das Schlaflager aufgesucht und nach den ersten Stunden des komatösen Schlafes schon wieder geräumt, und auch Manuel, der kurz nach ihnen gekommen war, noch vor dem Morgengrauen, sitzt schon wieder am Tisch und beginnt, sich im neuen Leben einzurichten.

Mildes Spätsommerlicht fällt durch die geöffneten Fenster in die Halle, auch der Landsmann mit dem Singlespeed kommt nun daher, und keiner will so recht glauben, dass er es tatsächlich geschafft hat. Und so nimmt der Tanz der Worte Fahrt auf, während bald schon ein Nächster seine Ankunft vermelden kann und die Erstversorgung verlangt, die darin besteht, dass ihm die Stempelkarte abgenommen wird, und – dies ist das Allerwichtigste – dass er den Zielstempel verabreicht bekommt, so wie in anderen Einrichtungen eine schmerzlindernde oder kreislaufstabilisierende

Injektion. Dann verschwindet Sophie – längst ist sie wieder zurück von ihrem nebligen Posten im Ligurischen – in der Küche, um dem Überlebenden gleich darauf einen üppigen Teller Spaghetti vorzusetzen. Anfangs kommen diesem die Worte meist nur schleppend über die Lippen, der Hunger hat Vorrang, auch wenn der Neuankömmling erst einmal herumzustochern beginnt, da er sich mit der veränderten Situation noch nicht vertraut gemacht hat, denn nun rollt die Welt nicht mehr unter seinen Rädern dahin, sondern alles, was ihn umgibt, ist von Dauer.

Aber was heißt das schon: von Dauer? Morgen – oder noch am selben Abend – wird er wieder abreisen. Nun jedoch wird er sich hier erst einmal verankern wollen im Kreis der Leute, die bereits an den Tischen sitzen, geduscht und neu eingekleidet, und er wird zu verstehen versuchen, was da alles war in den drei Tagen des Umherziehens, die von hier aus wie eine Ewigkeit erscheinen. Und die Ersten bekommen schon wieder Oberwasser und ihre Geschichten prägen den Verlauf der darauf folgenden, und so setzt ein Kreislauf ein, ein Strom, ein Wirbel, und man verfängt sich und wird mitgespült, bis einen die Müdigkeit wieder übermannt und man zu seiner Matratze schwankt, wo einen der Schlaf aufs Neue hinwegreißt.

Auch mein *Mille du Sud* ist zu Ende. Ich habe es ein wenig befürchtet, um wie vieles mehr aber habe ich es herbeigesehnt und gedacht: Nie wieder fahre ich den *Mille du Sud*, das stehe ich nicht noch einmal durch und nichts ist gewonnen damit. Und wie habe ich gehofft, dass sich dieser Kreis endlich schließen möge – wohlwissend, dass ich nur so mit mir ins Reine komme. Und dann ist um halb zwei nachts, nach über fünfundsechzig Stunden auf den Straßen des Südens, der Kreisschluss erfolgt. Und was findet nicht alles Platz in diesem Kreis, das alles muss noch erfasst werden…

Aber nichts drängt, nichts eilt, es ist wie ein Nachlass, bei dem ich nach und nach sichte, was mir da anvertraut wurde, in der Gewissheit, dass nichts davon genommen werden kann. Allein hinzuzufügen ist möglich, und das geschieht in den Stunden danach in einem fort. Mit Worten, gewiss, und vieles, Unglaubliches, bekommt man zu hören, wenn man sich zu den Fahrern setzt. Und hin und wieder verständigen wir uns ebenso mit einem Händedruck, einem Lachen, einem kurzen Blick in die Augen, mit einem Schulterklopfen, einer Umarmung zum Abschied. Aus dieser totalen Erschöpfung heraus beginnt etwas zu keimen, für das ich nicht die passenden Worte finde, aber es fügt sich in mein Leben, rankt an ihm hoch und am Ende wird es wohl zur Stütze, und ich habe gelernt, dass beides zusammenpassen muss, mein Leben, oder besser das, was mir seinen Wert ausmacht, und die Geschichte, die ich mit dieser Existenz schreibe.

In Kürze werden wir uns in alle vier Himmelsrichtungen zerstreut haben. Ich werde mit meinen Erinnerungen am Zugfenster sitzen, wieder und wieder den Film abspulen, aber längst sind es nicht mehr nur meine eigenen Erinnerungen, vieles hat sich untergemischt, was anderen zugeschrieben werden muss, und es wird nicht ganz einfach sein, das eine vom anderen zu unterscheiden – wozu aber auch? Seite an Seite haben wir diesen Süden erlebt und durchlebt; selbst in den einsamen Stunden lag die Gesellschaft der anderen in der Luft. Wir haben ihn aufgesogen und ausgeschwitzt samt seiner intensiven Farben, seiner gewaltigen Anstiege, seiner Felsen und Wasserläufe: diesen Süden, der mir stets eine Hoffnung war, ein Versprechen, das sich nur einlöst, wenn man bereit ist, alles zu geben – und einmal mehr weiß ich, wovon ich rede. Und dann kommen die großen Tage, wo das eine zum anderen passt, meine Existenz und meine Geschichte, selbst wenn dieser Zusammenschluss unter Schmerzen geboren ist. Aber so ist es eben: Der *Mille du Sud* geht nicht ohne Schmerzen ab, das kann ich versichern.

Danksagung

Dieses Buch ist meiner Frau und meiner Tochter gewidmet. Sie haben es verdient.

Mit dieser Geschichte nehme ich auch Abschied vom *Engländer*. Es war sein letzter *Mille du Sud*. Ein halbes Jahr danach verunglückte er tödlich mit dem Rad.

Covadonga Verlag

Die Lust am schnellen Radfahren. Abenteuer auf zwei schmalen Reifen. Die Faszination und die Geschichte(n) großer Rennen, legendärer Anstiege und bildschöner Rennräder. Die wundersame Welt des Profiradsports. Die Geheimnisse bekannter Rennfahrer und das Geheimnis erfolgreichen Trainings. Das sind die Themen, auf die der Covadonga Verlag in Bielefeld seit seiner Gründung im Jahr 2002 sein Augenmerk legt.

Zu den Autoren zählen unter anderem Dino Buzzati, Thomas Dekker, Marijn de Vries, Renate Franz, Joe Friel, Phil Gaimon, Hannah Grant, Jan Heine, Paul Kimmage, Philipp Köster, Tim Krabbé, Albert Londres, Benjo Maso, Guillaume Martin, David Millar, Tim Moore, Michael Ostermann, Matt Rendell, Hennes Roth, Lidewey van Noord, Jonathan Vaughters, die Velominati, Peter Winnen und Gianluca Zaghi. Radfahrer von Welt- und Kreisklasse, die dem Radsport eine literarische Stimme verleihen. Ausnahmeerscheinungen im Peloton. Radprofis, die anecken. Preisgekrönte Schriftsteller mit einem Faible für Radsport und Rennräder. Legendäre Reporter und große Humoristen. Die originellsten Chronisten der Jedermann-Szene. Internationale Koryphäen in Fragen Training und Fahrradtechnik und -restaurierung... Sie alle schreiben für Covadonga. Meist über den Radsport, manchmal auch über seine nahen Verwandten.

Bücher im Covadonga Verlag

ISBN	*Titel / Autor*
978-3-95726-055-0	*Ein Rad für alles. Die Allroad-Bike-Revolution.* Jan Heine
978-3-95726-054-3	*Quer durch Flandern.* Harry Pearson
978-3-95726-053-6	*Sokrates auf dem Rennrad.* Guillaume Martin
978-3-95726-048-2	*Colombia Es Pasión.* Matt Rendell
978-3-95726-046-8	*Der kahle Berg.* Lex Reurings & Willem Janssen Steenberg
978-3-95726-044-4	*One-Way Ticket.* Jonathan Vaughters
978-3-95726-039-0	*Flamme Rouge.* Daniel Lenz & Florian Summerer
978-3-95726-038-3	*T wie Trouble.* Tim Moore
978-3-95726-037-6	*Dominik Nerz – Gestürzt.* Michael Ostermann
978-3-95726-035-2	*Die Trainingsbibel für Radsportler.* Joe Friel
978-3-95726-033-8	*Vintage-Räder.* Gianluca Zaghi
978-3-95726-031-4	*Zugtiere in Trägerhosen.* Phil Gaimon
978-3-95726-028-4	*Der Radrennfahrer und sein Schatten.* Olivier Haralambon
978-3-95726-027-7	*Die Regeln. Kodex für Radsportjünger.* Velominati
978-3-95726-026-0	*Die Radfahrer Cartoons.* Dave Walker
978-3-95726-024-6	*Thomas Dekker – Unter Profis.* Thomas Dekker
978-3-95726-018-5	*Die Trainingsbibel für Triathleten.* Joe Friel
978-3-95726-017-8	*Mit dem Klapprad in die Kälte.* Tim Moore
978-3-95726-013-0	*Pellegrina. Eine italienische Radsportwallfahrt.* Lidewey van Noord
978-3-95726-012-3	*Tourleben. Vier Jahrzehnte Radsportfotografie.* Hennes Roth

ISBN	*Titel / Autor*
978-3-95726-010-9	*Auf der Straße.* David Millar
978-3-95726-009-3	*Die vierzehnte Etappe.* Tim Krabbé
978-3-95726-006-2	*Schnell und fit ab 50.* Joe Friel
978-3-95726-005-5	*Domestik.* Charly Wegelius
978-3-95726-001-7	*Das Rennen gegen die Stasi.* Herbie Sykes
978-3-936973-97-6	*Gironimo!* Tim Moore
978-3-936973-95-2	*Beim Giro d'Italia.* Dino Buzzati
978-3-936973-93-8	*Frau & Rennrad.* Nynke de Jong/Marijn de Vries
978-3-936973-91-1	*Ein Mann und sein Rad.* Wilfried de Jong
978-3-936973-79-2	*Spinning ist was für Friseure.* Andreas Beune
978-3-936973-78-5	*Das Buch der Radsporttrikots.* Andreas Beune/Rainer Sprehe
978-3-936973-77-8	*Unmöglich ist kein französisches Wort.* Jan Cleijne
978-3-936973-72-3	*Lötzsch. Der lange Weg eines Jahrhunderttalents.* Philipp Köster
978-3-936973-70-9	*Alles Rower? Ein Wessi auf Friedensfahrt.* Rainer Sprehe
978-3-936973-68-6	*Sind wir nicht alle ein bisschen tri?* Lars Terörde
978-3-936973-66-2	*Albina und das Fahrrad.* Jacques Faizant
978-3-936973-60-0	*Der Schweiß der Götter. Die Geschichte des Radsports.* Benjo Maso
978-3-936973-58-7	*Dicker Mann auf dünnen Reifen.* Ulf Henning
978-3-936973-57-0	*Laktatexpress. Im Tal der Ortsschildsprinter.* Matt Gelpe
978-3-936973-56-3	*Barfuß auf dem Dixi-Klo.* Lars Terörde
978-3-936973-55-6	*Going Long. Triathlontraining Langdistanz.* J. Friel/ G. Byrn
978-3-936973-42-6	*Die kleine Radsportfibel.* Ben Hewitt
978-3-936973-40-2	*Das Trainingstagebuch für Radsportler.* Joe Friel
978-3-936973-37-2	*Die legendären Anstiege des Giro d'Italia.* Peter Leissl
978-3-936973-35-8	*Gute Beine, schlechte Beine.* Peter Winnen

ISBN	*Titel / Autor*
978-3-936973-34-1	*Der vergessene Weltmeister.* Renate Franz
978-3-936973-29-7	*Put me back on my bike.* William Fotheringham
978-3-936973-19-8	*Armstrongs Kreuzzug.* Daniel Coyle
978-3-936973-14-3	*Post aus Alpe d'Huez.* Peter Winnen
978-3-936973-07-5	*Rennfahrerblut ist keine Buttermilch.* Andreas Beune
978-3-936973-03-7	*Raubeine rasiert. Bekenntnisse eines Domestiken.* Paul Kimmage